HECHO EN CASA

decoración y regalo

HECHO EN CASA

decoración y regalo

JOANNA GOSLING

Fotografía Rachel Whiting

5tintas

a mi madre y mi abuela, mis diosas domésticas

Título original
Home Made Simple

Traducción
Cristina Fors

La edición original de esta obra ha sido publicada en el Reino Unido en 2013
por Kyle Books, 67-69 Whitfield Street, London W1T 4HF, www.kylebooks.com.

Copyright © de la edición original, Kyle Books Limited, 2013
Copyright © del texto, Joanna Gosling, 2013
Copyright © de las fotografías, Rachel Whiting, 2013
Copyright © de la edición española, Cinco Tintas, S.L., 2015
Diagonal, 402 – 08037 Barcelona
www.cincotintas.com

Diseño: Jenny Semple
Fotografía: Rachel Whiting
Asistentes de fotografía: Rita Pratts
y Corin Ashleigh Brown
Atrezzo: Victoria Fitchett
Edición: Catharine Robertson
Revisión: Liz Lemal
Corrección: Salima Hirani
Índice: Helen Snaith
Producción: Lisa Pinnell

Impreso en China
Código IBIC: WF

ISBN 978-84-16407-04-0

CONTENIDOS

{ Me encantan las viejas cajas de vino, es muy fácil transformarlas en algo útil y elegante. }

La creación permite respirar. Pensar. O no: sencillamente estar de manera consciente.

INTRODUCCIÓN

Con este libro aprenderá a hacer cosas en casa sin complicarse la vida. Proyectos sencillos, que no requieren gran destreza ni experiencia.

Este libro le permitirá hacer sus propios proyectos para decorar su casa y para regalar y, además de disfrutar del proceso de elaboración, obtendrá resultados mucho más bonitos y satisfactorios que comprándolos en la tienda. Se trata de simplificarle la vida y de alejarle del constante bombardeo de cosas materiales que, con demasiada frecuencia, creemos necesitar. Dedicar un poco de su tiempo y esfuerzo a hacer algo usted mismo le ayudará a evaluar lo que realmente es importante, y a diferenciar lo que necesita de lo que quiere.

Yo hago manualidades desde que tengo uso de razón. Mis proyectos siempre siguen el mismo proceso: parto de una idea de algo específico que me gustaría tener, y busco la manera más fácil de hacerlo para lograr el resultado deseado (que no siempre es perfecto).

Recuerdo que cuando tenía doce años quería unos pantalones anchos con un estampado floral. No tenía ningún patrón ni experiencia previa en la costura, así que corté la tela utilizando unos pantalones como guía para la talla y los cosí a mano con mucho esmero. Por dentro eran básicos; en cambio, por fuera conseguí que quedaran como los quería. No me importó que no tuvieran un acabado profesional y los llevé hasta desgastarlos.

Con el tiempo aprendí a utilizar una máquina de coser, de manera que los proyectos de costura son ahora mucho más rápidos, aunque parto del mismo principio: sea cual sea el proyecto que quiero hacer, trato de encontrar la manera más sencilla y rápida de hacerlo. Tengo muchas ideas creativas pero (como nos pasa a la mayoría) no tengo tiempo de sentarme y pasar horas confeccionando para obtener un resultado perfecto, así que mi lema es "mínimo esfuerzo, máximo beneficio".

No puedo pasar muchos días sin hacer nada, ya sea para mí, para casa o para algún conocido. Mis amigos y familiares siempre me preguntan cómo lo hago y de dónde saco el tiempo. Y siempre les respondo que el secreto está en no complicarse: nada me lleva demasiado tiempo. Creo que el afán de simplificarlo todo proviene de mi vocación periodística, o quizás sea ésa la razón por la cual me dedico al periodismo. Se trata de una profesión que intenta hacer accesible lo complicado, exactamente lo que pretendo en casa.

En esencia, este libro trata de hacer cualquier cosa que se le ocurra de manera sencilla, y disfrutar tanto del proceso como del resultado final, sin estresarse ni temer no hacerlo "bien". Me gusta que las manualidades no siempre salgan perfectas, porque es precisamente lo que les confiere carácter.

Una de las maneras más fáciles de crear es transformar algo que ya está hecho para darle una nueva utilidad. Un palé de madera abandonado, una vieja caja de vino, frascos de mermelada, pinzas, conchas, piñas… Con un poco de imaginación y un mínimo de esfuerzo se pueden convertir en algo magnífico, sin ningún coste, o por lo menos a un precio muy inferior al de la tienda y, sin duda, mucho más bonito. Un buen ejemplo son mis mesas de palés, que decidí hacer porque todas las mesas de centro que me gustaban eran carísimas. Son muy fáciles de elaborar y me encantan, no sólo porque son elegantes y quedan preciosas, sino porque además me satisface pensar que las he hecho yo.

En japonés, la palabra *mottainai* expresa la pena que supone tirar algo sin haberle sacado el máximo partido. ¿No es eso brillante? Una sola palabra que expresa la idea de "transformar algo para darle un nuevo uso". Una vez se empieza a pensar así, es increíble la cantidad de objetos a los que se puede dar un uso distinto al original. Y eso es algo muy grato.

En el capítulo 1 de este libro, la sección del hogar, encontrará muchos objetos "hechos en casa" *mottainai*. Se trata de creaciones sencillas y prácticas, aptas para todos los rincones de la casa. La única complicación que presentan es la de perforar agujeros. Todo se puede hacer fácilmente con la ayuda de un taladro y unos destornilladores, mejor si son eléctricos. Lo mismo sucede con la máquina de coser para los proyectos que requieren algún tipo de confección: con una buena máquina ahorrará tiempo y esfuerzo.

El capítulo 2, la sección de regalos, es más artístico en el sentido tradicional, e incluye punto, labores de aguja, creación de velas y recetas culinarias. Se rige por el mismo principio de simplificar. Mientras que la idea fundamental de los proyectos *mottainai* es reutilizar objetos, la de los proyectos de punto, por ejemplo, es hacer cuadrados y rectángulos básicos, rápidos y fáciles de tejer, sin necesidad de seguir patrones complicados, pero cuyo resultado final al juntar todas las piezas es increíble. Me gusta regalar cosas prácticas que nos faciliten la vida o la iluminen –como velas, por ejemplo–, porque sé que son funcionales. Por eso en esta sección todo es, además de bonito, práctico.

Finalmente, en el capítulo 3, la sección de celebraciones, encontrará tanto proyectos *mottainai* como ideas para elaborar desde cero. Incluye elementos festivos, tanto decorativos como comestibles, presentes en cualquier celebración. Los rituales y las tradiciones de las diferentes culturas y religiones son una gran fuente de inspiración, ya que aportan brillantes consejos domésticos. Puede que aquello que ya conoce y hace como parte de su rutina le parezca obvio, pero para quien lo desconoce, puede resultar admirable. Por eso me encanta conocer nuevas culturas. Las bolsas *furoshiki*, por ejemplo. De lo más habituales en Japón, pero prácticamente desconocidas fuera del país. Esta sección también incluye objetos comunes en diferentes culturas, algo que también me fascina. Sin duda, nos unen muchas más cosas que las que nos separan: cualquiera puede aportar un toque decorativo o delicioso a una celebración o a nuestro día a día.

Si piensa que reunir los materiales y elaborar un proyecto el mismo día puede ser un problema, no intente hacerlo. No se trata de forzarse ni correr para terminar antes. Uno de los mensajes fundamentales de mi primer libro, *Simply Wonderwoman*, es que es preciso ir paso a paso... O día a día. Este principio sirve tanto para las manualidades como para las tareas rutinarias, que pueden agobiar a cualquiera. Así pues, los métodos de elaboración están divididos en pasos para que sean sencillos y asequibles. Por razones prácticas, suelo comprar la mayoría de materiales por internet. Aprovecho un momento de calma para hacer los pedidos y dejarlo todo a punto para cuando pueda ponerme manos a la obra. Si salgo y veo algo que me gusta o que me llama la atención, lo compro, ya sean ingredientes, telas, cintas o hilos. Así, los materiales para proyectos más entretenidos, como el escritorio hecho con cajas de vino, los compro poco a poco. Un día compro el tablero en un almacén de madera. Otro día, voy por las cajas de vino. Compro las ruedecillas y el pegamento para madera cuando paso por una tienda de bricolaje. Vaya recopilando el material necesario sin prisas para que cuando decida empezar no tenga que salir corriendo a buscar algo que le falta. Disfrute del proceso de creación. Crear debe ser placentero y no estresante. La creación permite respirar. Pensar. O no: sencillamente estar de manera consciente.

"No tenga nada en casa que no sea útil o considere bonito".

WILLIAM MORRIS, fundador del movimiento "Arts and Crafts"

MATERIALES ÚTILES

A continuación tiene una lista con mis materiales favoritos. Algunos los utilizo continuamente y otros simplemente facilitan la vida a cualquiera.

MÁQUINA DE COSER Si no tiene una máquina de coser o nunca ha utilizado una, no se deje intimidar.

Olvídese de esas sofisticadas máquinas capaces de hacer todo tipo de puntos y filigranas. Opte por una máquina sencilla que haga lo más básico: punto recto de diferentes tamaños y punto reverso. No recuerdo haber utilizado la mía para nada más. He intentado coser ojales a máquina, pero es demasiado laborioso y no merece la pena, así que los he cosido "haciendo trampa" y nunca coso los botones, a menos que quiera anudarlos para fijarlos.

Para dar puntadas sencillas con una máquina de coser, basta con echar un vistazo al manual de instrucciones y tener un poco de sentido común. La dominará en un abrir y cerrar de ojos.

Si tiene pensado comprar una máquina, le recomiendo que elija una con sistema de bobinas transparente y de carga superior. Es más fácil cargar la bobina y sabrá cuándo está a punto de quedarse sin hilo. Mucho más cómodo. Mi antigua máquina tenía el sistema tradicional de carga, que no soportaba porque no me permitía ver la bobina una vez colocada, y siempre me preguntaba si estaba a punto de quedarme sin hilo.

Si su intención es coser en la mesa de la cocina o en algún otro lugar donde deba recogerlo todo cuando termine un trabajo, elija una máquina de coser ligera. Si dispone de un espacio designado para su uso, no debe preocuparse por el peso.

TELA Puede ser ridículamente cara, pero también puede encontrar telas magníficas a precios asequibles. Éstos son mis recursos favoritos:
- Ventas en grandes almacenes

- Tiendas de artículos de segunda mano: puede convertir cortinas y ropa vieja en telas de gran calidad, además de baratas y a la última moda
- La propia ropa vieja
- Tiendas de tejidos y puestos en los mercados
- Retales: cuando vaya a una tienda de tejidos, pida siempre ver la caja de retales. ¡Encontrará verdaderos tesoros!
- Si hay alguna tela que considere indispensable, busque por internet sitios de subastas donde comprar retales. Si es paciente, probablemente conseguirá lo que quiere.

CAJAS DE VINO Me encanta usar viejas cajas de vino de madera. Su coste es mínimo y se pueden transformar fácilmente en objetos útiles y elegantes. Para conseguirlas hay que tener un poco de suerte. Las encontrará en bodegas, tiendas de licores y vinos o incluso en el supermercado, desechadas. Cuando empecé, me las regalaban en la bodega de mi barrio y, por lo general, siempre había suministro abundante. En cambio ahora, en algunos lugares tengo que dejar mi nombre para que me las guarden y pagar una pequeña cantidad por caja. Navidad es siempre una buena época para conseguir cajas de vino, ya que la gente suele celebrarla por todo lo alto y compra vinos más caros, que se venden en cajas.

Si no las encuentra en ningún sitio, cómprelas directamente a un proveedor. Serán un poco más costosas, pero seguirán saliendo más baratas que cualquier otra caja de madera de un tamaño similar que pueda conseguir en tiendas. Haga una búsqueda por internet de "cajas de madera para 12 botellas" y compare precios.

TALADRO O DESTORNILLADOR ELÉCTRICO Si quiere hacer proyectos de bricolaje, un buen taladro o un destornillador eléctrico le serán de gran ayuda (puede pedirlo por Navidad o por su cumpleaños). Equípese también con un juego decente de brocas y tornillos.

 Equipado con una máquina de coser y un taladro, puede hacer casi de todo.

HECHO EN CASA

hogar

Como mujer práctica que soy, me gusta que
todo lo que hago tenga una utilidad.
Asimismo, me gusta que sean agradables a la
vista incluso los objetos más básicos que hay
en casa. De alguna manera, esto hace que
utilizarlos sea más satisfactorio.

Para mí, un hogar lleno de cosas hechas a
mano no es un sitio colmado de baratijas que
acumulan polvo, sino de artículos prácticos
hechos por uno mismo. Por ejemplo, la manera
más sencilla y obvia de transformar una
habitación es dándole una capa de pintura.
Pintar el suelo, utilizar una bonita tela como
cortina para una ventana o tapar con ella un
almacén desordenado; colocar un gancho en
la puerta principal para colgar lo que no
quiero olvidar al salir; poner velas en todos los
rincones; y decorar con una infinidad de
objetos remodelados y reutilizados. Pequeños
detalles que marcan una gran diferencia.

Como siempre, se trata de hacer las cosas de
la manera más sencilla, para obtener la
máxima utilidad con el mínimo esfuerzo.

LIENZO ILUMINADO

La inspiración para hacer este proyecto me vino un día que caminaba por un paso subterráneo donde se entreveían unas luces a través de unos agujeros en una plancha de metal. Era tan bonito que ese lugar frío y húmedo me quedó grabado en la memoria. Esta es mi versión simplificada, que no requiere conocimientos eléctricos. Como en el paso subterráneo, puede usarlo para dar vida a un rincón oscuro, o bien convertirlo en toda una declaración de intenciones que ocupe un lugar destacado en su casa.

El diseño que he elegido es muy sencillo: un corazón. Es fácil de hacer y personalmente me encanta. Las estrellas también son estupendas, e igual de sencillas de hacer. Elija la forma que más le guste.

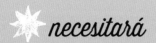 necesitará

Lienzo: el que yo elegí mide 70 cm × 60 cm, pero como con todos los proyectos, usted decide. Amplíe o reduzca el tamaño según la pared donde desee colgarlo

Punzón o taladro con una broca de 2 mm

Tira de entre 30 y 50 bombillas led a pilas, según tamaño del lienzo y gustos

Alambre multiusos para colgar el lienzo

Cortaalambres

Regla

Grapadora o 2 ganchos redondos

Método

❶ Dibuje el boceto con un lápiz blando en el reverso del lienzo. No se preocupe si tiene que repasar las líneas: por delante no se verán.

❷ Una vez trazada la forma que desea, debe señalar la posición de las bombillas. Conviene dejar aproximadamente el mismo espacio entre ellas, así que marque dos puntos opuestos en el dibujo (que de unirlos lo dividirían verticalmente por la mitad). A continuación señale con puntos la posición de las bombillas, de manera que si tiene un total de 28, deben quedar 13 puntos marcados a cada lado de los dos primeros. Puede hacerlo a ojo: no hace falta que sea preciso. Antes de seguir, cuente los puntos para asegurarse de que el número es correcto.

❸ A continuación agujeree cada punto. Para ello, puede usar un taladro con una broca de 2 mm o bien un punzón (herramienta de metal fina y puntiaguda). Para que no se muevan, los agujeros tienen que ser más pequeños que las bombillas, de modo que para pasarlas tenga que hacer un poco de fuerza. Coloque las bombillas.

❹ Fije un alambre en el reverso del lienzo para colgarlo en la pared. La manera más fácil y rápida de hacerlo es con una grapadora y tiene la ventaja que el alambre quedará alineado con el marco y plano contra la pared. Corte un trozo de alambre 15 cm más largo que el marco. Así quedará alambre de sobras a lado y lado, para retorcer y asegurarse de que no se mueve. Grape el alambre en cada lado del marco a la altura deseada, con varias grapas para que quede firme. A continuación, retuerza las puntas del alambre por detrás. Si no tiene una grapadora, atornille dos ganchos redondos en los bordes superiores interiores del marco donde fijar el alambre. De este modo, el marco también quedará bien alineado con la pared.

❺ Cuelgue el lienzo y coloque las pilas dentro del marco, en el borde inferior. Cuando quiera encender y apagar las luces, aparte ligeramente el marco de la pared para alcanzar el interruptor. Por supuesto, las bombillas no están pegadas, así que si alguna se cuela por su agujero al mover el marco, sólo tiene que colocarla de nuevo en su sitio. Sin embargo, si va con cuidado, no tiene por qué salirse ninguna bombilla.

ESCRITORIO HECHO CON CAJAS DE VINO

Me encanta este escritorio. Es muy práctico, tiene capacidad, una amplia superficie y ruedecillas para moverlo de un lado para otro. Es el lugar de trabajo ideal para realizar cualquier actividad. Las sencillas estanterías hechas con cajas de vino permiten almacenar todo aquello que quiera tener a mano y son fáciles de ocultar cuando lo desee.

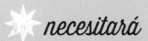

necesitará

Pegamento fuerte para madera

4 cajas de 12 botellas de vino

2 tableros de MDF de 30 mm que midan 505 mm × 175 mm y 1 tablero de MDF que mida 505 mm × 1460 mm (o del ancho que se adapte al espacio donde quiera ponerlo)

8 ruedecillas de 50 mm

32 tornillos de 1 cm para las ruedecillas

Taladro con brocas de 2 mm y de 4 mm

12 tornillos de 6 cm

Pintura: mejor al temple (por su durabilidad) para la superficie

Rodillo y pincel pequeño

Diseñé este escritorio hecho con cajas de vino después de que un compañero de trabajo me explicara que, de niño, su padre le había hecho uno. No podía quitarme el escritorio –un recuerdo de infancia prestado– de la cabeza. Imaginé que el del padre de Robert estaba hecho de arriba abajo con cajas de vino, pero no supe cómo materializarlo. Así que mi versión combina cajas de vino con MDF. Esto implica que su elaboración no tiene coste cero, pero sigue siendo mucho más económico que comprar un escritorio similar, que además no será ni remotamente tan elegante.

Método

1 Empiece haciendo los dos puntos de apoyo que irán a cada extremo del escritorio. Encole los lados largos de dos cajas de vino para hacer un punto de apoyo y repita la operación para el otro. Para asegurarse de que el pegamento fija bien las cajas, amontone unos cuantos libros pesados en el interior de la caja superior para hacer presión.

2 Coloque el tablero largo de MDF en el suelo. Sitúe una pieza pequeña de MDF en cada uno de los dos extremos del tablero y alinee los bordes. Encole las piezas pequeñas en su sitio con pegamento en abundancia. Coloque los puntos de apoyo que hizo en el paso anterior encima de cada una de las piezas encoladas al tablero de MDF, asegurándose de que el interior de las cajas esté mirando hacia dentro. Encólelos. Esta es la construcción básica del escritorio al revés.

3 Coloque cuatro ruedecillas en las esquinas de la base de ambos puntos de apoyo y atorníllelas. Con la broca de 2 mm, taladre agujeros en la madera a través de los orificios de las placas de las ruedecillas para luego insertar los tornillos.

4 Cambie a la broca de 4 mm y haga seis agujeros en las cajas de vino pegadas al tablero, hasta alcanzar el MDF (uno en cada esquina y dos en el centro). Así los tornillos de 6 cm fijarán las bases a la superficie del escritorio. Cuando haya fijado la broca en el taladro, compare la longitud de ésta con la del tornillo. Para evitar atravesar el tablero con el taladro, la longitud de la broca debe ser ligeramente inferior a la del tornillo. Así se asegurará de que no sale por la superficie del escritorio. Atorníllelos.

5 Cuando el pegamento que fija las cajas de vino se haya secado, dele la vuelta al escritorio. Pesa bastante, así que, a ser posible, pida a alguien que le ayude.

6 Pinte el escritorio con el rodillo y déjelo secar.

ORGANIZADOR DE ESCRITORIO

Esta caja es ideal para mantener ordenado su escritorio o su espacio de trabajo,
y combina dos de mis básicos reutilizables más versátiles: una caja de vino de madera
y una pinza grande. Meta papeles y otros pequeños objetos dentro de la caja y fije con
la pinza aquello que necesite tener a mano, como notas, sellos, cartas o fotos,
en el exterior.

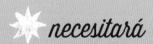

Una caja de vino de madera
para 6 botellas

Tenazas

Pintura (al agua o al temple,
según si prefiere un acabado
mate o brillante)

Rodillo y pincel pequeños

Pinza grande

Retazo de tela o papel viejo para
forrar la pinza (opcional)

Cinta adhesiva de doble cara
(opcional)

Pegamento fuerte para madera

Método

1 Con unas tenazas, retire cualquier grapa que pueda haber quedado donde se unen la tapa y la caja. Gire ligeramente las tenazas y tire hacia arriba, y las grapas saldrán sin problemas. Aspire el interior de la caja para limpiarla de polvo o de restos de madera. Para la versión más rápida y sencilla, sólo tiene que pintar la caja por dentro y por fuera. No necesita mucha pintura, así que puede aprovechar cualquier sobrante de pintura que tenga. Yo siempre pinto con un pequeño rodillo, pues es más rápido y proporciona un bonito acabado. Utilice el pincel para cubrir las partes a las que el rodillo no llega.

2 A continuación, pinte la pinza o fórrela por ambos lados con tela o papel para empapelar usando cinta adhesiva de doble cara. Eche pegamento extrafuerte en el tercio inferior del reverso de la pinza, cubriendo el área justo por debajo de la muesca para el muelle. Fije la pinza en la parte delantera de la caja y deje que se seque.

 **En esta caja almaceno
mi correspondencia y papeles hasta que
tengo tiempo de organizarlos.**

ORGANIZADOR DE ESCRITORIO FORRADO DE TELA

Una versión especialmente bonita de la caja de la p. 19 es la caja forrada de tela. Es ideal para regalar, especialmente si usa una tela bonita. Su elaboración es algo más lenta que la de la versión sencilla, pero sigue siendo fácil.

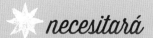

necesitará

Los mismos materiales necesarios para hacer la caja de la p. 18 y unos 50 cm de tela

Tijeras de sastre y cúter

Alfombrilla para ratón forrada de tela

Ya que está utilizando cinta adhesiva de doble cara y tiene unos retales, ¿por qué no hace una alfombrilla para ratón que dé un toque de estilo a su escritorio? En mi casa siempre me encargo de hacerlas yo, pues nunca encuentro una que me guste. He intentado prescindir de ellas, pero resulta muy incómodo. Supongo que si se inventaron fue por algo, aunque hayan generado una industria de artículos de escritorio de mal gusto. Para hacérsela a su gusto, use la que tiene ahora o compre una muy económica. Fórrela con tiras de cinta adhesiva de doble cara. Fije un retazo de tela encima y recórtela a medida. Mucho mejor, ¿verdad?

Método

1 Corte un rectángulo de tela que encaje en la base interior de la caja. Para hacerlo a medida, coloque la caja encima de la tela y trace una línea que repase los bordes. El rectángulo tendrá un tamaño ligeramente superior a la medida del interior de la caja, pero puede recortar el exceso de tela con un cúter una vez lo fije en su sitio.

2 Repita la operación con las cuatro caras interiores de la caja, añadiendo 1,5 cm de altura por lado para cubrir los cantos superiores de la caja.

3 Pegue la tela en su sitio con cinta adhesiva de doble cara (el pegamento calaría y la echaría a perder). Coloque varias tiras de cinta alrededor de los cuatro lados exteriores de la base de la caja y a continuación pegue la tela en la base. Presione firmemente y recorte el exceso de tela con un cúter.

4 Cuando pegue el resto de la tela en el interior de la caja, ponga más cinta a lo largo del extremo superior. Fije la tela en el interior y tire de ella con firmeza desde los cantos superiores, de modo que se abra ligeramente en abanico alrededor de cada esquina. De lo contrario, quedarían pequeños recuadros sin forrar en las esquinas superiores. Recorte el exceso de tela.

5 Finalmente, fije la cinta alrededor de los bordes exteriores de la caja y coloque tiras de arriba abajo en cada canto. Corte un rectángulo largo de tela suficientemente grande para cubrir todo el exterior de la caja. No se preocupe si el tamaño no es exacto; una vez colocado, puede recortar la parte sobrante con unas tijeras bien afiladas. Es mejor que sobre tela, pues siempre puede recortarla, y el acabado de las puntas no tiene que quedar impecable. Estos proyectos están pensados para ser fáciles y rápidos. Y, personalmente, me encantan las puntas deshilachadas.

Si quiere regalarlo, puede poner una nota en la pinza y llenar la caja de detalles.

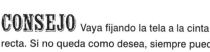

CONSEJO Vaya fijando la tela a la cinta poco a poco para que quede recta. Si no queda como desea, siempre puede quitarla y volver a pegarla.

MESA DE CENTRO HECHA CON PALÉ

Siempre que veo un palé abandonado en la calle, me pongo a pensar en qué podría convertirlo. Estoy convencida de que podría construir una casa entera con palés, mobiliario incluido. Pero no nos compliquemos la vida: le propongo hacer un par de piezas básicas que merecen la pena, pues prácticamente no tienen ningún coste y quedan realmente bien. La primera, una mesa de centro.

Si tiene la opción de elegir entre varios palés, del taller de un albañil o de algún conocido que se esté construyendo algo (y que pueda suministrarle palés fácilmente), elija los que tienen dos hileras de listones. Este tipo es ideal para hacer mesas de centro bajas, ya que permite dejar libros y revistas en el estante inferior. Si no tiene elección, cualquier palé servirá.

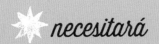

necesitará

Palé

Papel de lija de rugosidad media

Pintura –yo elegiría una pintura mate al agua, pues las brillantes acentúan las imperfecciones y la aspereza de la madera

Rodillo y pincel pequeño

4 ruedecillas grandes

Bolígrafo o lápiz

Taladro y broca de 2 mm

16 tornillos de 1 cm

Método

1 Si el palé está húmedo o sucio –que es lo más probable–, éntrelo en casa y déjelo de pie en algún lugar cálido para que se seque completamente.

2 Una vez seco, debería poder retirar la suciedad fácilmente con una pasada rápida de aspiradora. Si está muy incrustada, no se preocupe –podrá pintar encima–, pues es sólo en las partes más sueltas donde la pintura no se fija. Lije el palé suavemente para deshacerse de las astillas más grandes. No se trata de lijarlo para obtener una superficie totalmente lisa, ya que esto llevaría demasiado tiempo. El aspecto de la mesa será bastante rústico, pues el acabado de los palés es áspero.

3 Pinte el palé. Lo más fácil es pasar el rodillo y usar luego un pequeño pincel para alcanzar los rincones a los que no haya llegado con el rodillo. Empiece colocando el palé plano encima de una superficie protegida y levántelo del suelo mediante cuatro puntos de apoyo debajo de cada esquina que queden a la misma altura (ladrillos, libros o lo que sea que tenga a mano). Una vez pintada la parte superior, póngalo de lado para poder pintar los listones inferiores más fácilmente.

4 Cuando la pintura esté seca, atornille una ruedecilla en cada esquina inferior del palé. Los tornillos de 1 cm no atravesarán los listones. Para fijar los tornillos, marque los cuatro agujeros en la placa de las ruedecillas y a continuación taladre pequeños agujeros encima de las marcas. Taladre con cuidado para evitar que la broca atraviese la madera. Tras veinte años haciendo bricolaje, finalmente he invertido en un buen taladro sin cable, con baterías de litio y un juego de brocas, y debo admitir que es maravilloso. Termino el trabajo en cuestión de segundos. Es una herramienta que recomiendo, pues facilita mucho el trabajo. Pero no se preocupe si no la tiene. Este proyecto puede llevarse a cabo sin problemas con un taladro y un destornillador normal y corriente; es lo que yo llevaba años haciendo. Sólo tardará un poco más y es posible que la muñeca le acabe doliendo un poco. Pero cuando la termine podrá sentarse y relajarse en el sofá; con una taza de té y una revista, y poner los pies encima de su nueva mesa. Algo muy satisfactorio.

MESA DE PALÉ CON ESTILO

Esta mesa es como "una mona vestida de seda". En otras palabras, aunque tenga un aspecto muy elegante, su interior, que no se ve, es de lo más ordinario.

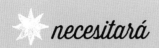

necesitará

Cinta métrica

Palé grande: si desea hacer una mesa más alta y robusta, puede unir dos palés con cola para madera

Tela, unos 2 m

2 m² de lámina de espuma de 1 cm de grosor

Grapadora

4 ruedecillas grandes

Taladro y broca de 2,5 mm

16 tornillos de 2,5 cm

No importa si el estado de su palé es pésimo, pues irá forrado, pero asegúrese de que esté bien seco y de haber aspirado cualquier resto de suciedad antes de ponerse manos a la obra. Si necesita una grapadora, la encontrará a un precio económico en cualquier ferretería. Una grapadora sencilla le servirá. El único problema con las grapadoras baratas es que las grapas no siempre quedan firmes, así que a veces disparará pero tendrá que sacarlas y volver a disparar. Yo utilicé este tipo de grapadoras durante años, antes de comprar una que fuese decente (mejor pero más cara) en una tapicería, así que debe valorar cuánto quiere gastar. Le puedo garantizar que cuando se haga con una, no dejará de usarla. Yo la utilizo muy a menudo para hacer reparaciones rápidas y atrevidos proyectos de tapicería, en mi línea de "mínimo esfuerzo, máximo beneficio". Más información al respecto más adelante (véase la p. 30). [...]

 Coloque libros o revistas encima de la mesa. Unas flores. Quizás una bandeja y una vela. Consiga un estilo de hotel boutique con un presupuesto limitado.

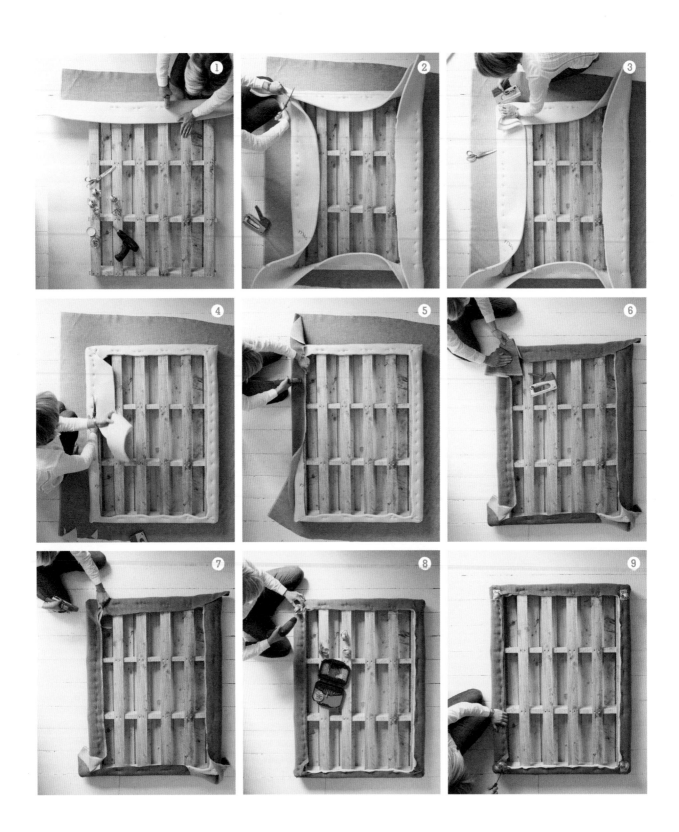

★ HOGAR ★

Para comprobar las medidas de la tela, mida uno de los lados cortos del palé (o palés) y uno de los lados largos, y añada 20 cm para dejar suficiente margen para la espuma (que irá entre la tela y el palé) y para grapar la tela a la parte inferior del palé. Tome las mismas medidas por el otro lado del palé. Debería terminar con unas medidas aproximadas de 165 cm × 125 cm. Así que con 2 m² de tela debería sobrarle y tener suficiente para hacer una o dos fundas de cojín a conjunto.

Método

1 Coloque la tela en el suelo con el lado bueno mirando hacia abajo. Extienda la lámina de espuma sobre la tela y a continuación centre el palé (o palés) volteado encima. Levante un canto de espuma para graparlo a la parte inferior del palé. Ahora viene lo divertido. A unos 4 cm del borde, dispare una hilera de grapas cada 2 cm. Repita la operación en el lado contrario. Levante ligeramente el palé y tire de la espuma antes de graparla, para asegurarse de que esté bien plana sobre la madera, pero sin estar demasiado tensa, de modo que pueda ver las rugosidades de los tablones por debajo. Como antes, grape la espuma en su sitio. Repita la operación con los otros dos bordes de espuma.

2 En cada esquina habrá quedado una solapa plegada de espuma. Con cuidado, córtela de manera que quede plana y sin superponerse ni dejar ningún hueco.

3 Grape las esquinas cortadas a la parte inferior del palé.

4 Recorte el exceso de espuma de la parte inferior del palé, cortando a 1 o 2 cm de las grapas.

5 Grape la tela del mismo modo. Tire de ella de un lado y grápela a la parte inferior del palé por encima de la espuma, asegurándose de estirarla bien antes de grapar el lado opuesto. Lo único que debe hacer es no grapar toda la longitud de cada lado: –deje un hueco de unos 15 cm en cada esquina. Esto le permitirá doblar la tela en la esquina para obtener un acabado de lo más profesional.

6 Una vez grapados todos los lados y la tela esté tensa, termine las esquinas con un pliegue inverso. Estire la punta de tela de la esquina hacia el centro y a continuación doble los lados con cuidado contra la esquina del palé para conseguir un pliegue limpio.

7 Grape la esquina plegada al palé.

8 Finalmente, atornille las ruedecillas. Tendrá que perforar la tela y la espuma para colocarlas, pero no tiene ninguna dificultad. Coloque una ruedecilla en una esquina de la parte inferior del palé y haga un agujero con la broca de 2,5 cm.

9 Fije un tornillo por el agujero para mantenerla en su sitio. Repita la operación con las tres ruedecillas restantes.

LÁMPARAS CON CABLE DE TELA

Si ya sabe instalar una toma de corriente, podrá hacer una de estas magníficas lámparas sin problemas. Si no sabe hacerlo, no se preocupe, es muy fácil de aprender y pronto podrá hacer proyectos básicos de electricidad.

Además de que quedan muy bien, lo que más me gusta de estas lámparas es que son muy útiles y versátiles. Haga los cables a medida y fíjelos en el techo con un par de ganchos para iluminar una zona de una estancia. Pueden ser lámparas altas o bajas, como prefiera. Además, los materiales son muy económicos, por lo que sacará el máximo partido a su dinero.

Método

❶ En primer lugar, abra el portalámparas desenroscando la parte superior de la inferior para separarlas. Introduzca el cable por la parte superior del portalámparas. Pele los hilos procurando no dejar demasiado hilo expuesto. Conecte el cable a la parte inferior del portalámparas. En la manguera de tres hilos, que incluye fase, neutro y tierra, busque el punto en el que debe conectar el cable de tierra. Los otros dos pueden conectarse en cualquiera de los otros dos puntos. Atornille las dos partes del portalámparas para unirlas.

❷ A continuación, pele el otro extremo del cable y conéctelo a la toma de corriente. Asegúrese de conectar los hilos en los puntos correspondientes. Aunque he instalado muchas tomas de corriente, siempre compruebo que lo hago correctamente buscando por internet "cómo instalar una toma de corriente". Encontrará diagramas claros para tener la certeza absoluta de estar haciéndolo bien.

Una vez terminada la instalación eléctrica, enchúfela y listo.

Si no se atreve a hacer la instalación eléctrica, pida ayuda a algún amigo o familiar. Para alguien que sabe hacerlo, es muy fácil y rápido.

necesitará

Para países con toma de corriente trifásica:

Portalámparas de metal con interruptor

Manguera de tres hilos forrada de tela; mida la longitud que necesite

Pelacables y destornillador pequeño

Toma de corriente trifásica

Bombilla: asegúrese de que sea compatible con el portalámparas (esto es, de rosca o de bayoneta). Por internet, busque imágenes de "bombilla de rosca o de bayoneta" y encontrará una gran selección

Ganchos de rosca para colgar las lámparas del techo

Para países con toma de corriente bipolar:

Portalámparas de metal con interruptor

Manguera de dos hilos forrada de tela; mida la longitud que necesite

Pelacables y destornillador pequeño

Toma de corriente bipolar

Bombilla: asegúrese de que sea compatible con el portalámparas (esto es, de rosca o de bayoneta, véase arriba)

Ganchos de rosca para colgar las lámparas del techo

TAPICERÍA BÁSICA

Armado con una simple grapadora, las posibilidades de hacer proyectos de tapicería rápidos y fáciles son infinitas. Para darle algunas ideas, a continuación encontrará un par de proyectos hechos por mí.

necesitará

Grapadora

Tela

Tijeras de sastre

Un sofá desaliñado (véase la fotografía de la p. 28)

Admito que comprar un sofá con las fundas blancas fue un error… ¡Con tres niñas! Quise seguir un "consejo" que leí hace años, que decía que las fundas blancas en realidad son muy prácticas, porque pueden lavarse a altas temperaturas y quedar como nuevas. Le voy a dar otro consejo: si tiene niños pequeños, olvídese de la idea de que las fundas blancas son prácticas. Estarán más tiempo en la lavadora que en el sofá y, por supuesto, si las lava a altas temperaturas, encogerán. Así que, después de deshacerme de ellas –porque habían encogido tanto que intentar ponerlas era como intentar vestir al Increíble Hulk– tuve una idea brillante, apta para cualquier sofá: compré arpillera barata e hice un rápido trabajo de engrapado.

Sobra decir que todos los sofás son distintos, o que las probabilidades de que tenga exactamente el mismo sofá que yo son muy escasas. En otras palabras, no merece la pena que le diga exactamente cómo hacer este proyecto –como si de una receta se tratara– porque, como haría cualquier cocinero, tendrá que adaptarlo a sus propias necesidades. No le mentiré. Se trata de un trabajo que puede ser un pelín complicado según la forma del sofá (yo hice uno que me resultó muy fácil de tapizar y otro que fue más difícil), pero si tiene un viejo sofá que está harto de ver, creo que merece la pena invertir un par de horas en transformarlo con un poco de tela y una grapadora. A continuación encontrará las directrices para hacerlo.

Para este sofá, de 70 cm × 85 cm × 210 cm, compré 10 m de tela barata. Se trata de un proyecto burdo pero efectivo, así que elija una funda sencilla y dele un toque de color con cojines y mantas. La arpillera es muy barata y queda muy elegante como funda a medida. Además, ahorra el constante sufrimiento de manchar una funda a medida, pues no cuesta nada grapar un poco más encima. O retapizar un trozo entero.

Si su sofá tiene brazos, como el mío, divida el trabajo en cuatro tapizados independientes. Empiece con los brazos. A continuación, haga la parte trasera y finalmente, la parte delantera. Por supuesto, puede ignorar aquellas partes que quedan ocultas si esto le facilita el trabajo. Si el sofá no tiene brazos, divídalo en dos secciones: la parte trasera y luego la base.

Método

1 En primer lugar, extienda la tela por el área que va a tapizar, para asegurarse de que la cubre adecuadamente. No corte hasta tener la tela en su sitio y haberla fijado con las primeras grapas. Si los brazos del sofá son curvos, como los míos, lo mejor es empezar a grapar la tela ciñéndola a la parte inferior de la curva del brazo. A continuación, ténsela y grápela en la parte inferior del sofá. Debe grapar en el marco de madera, de lo contrario las grapas se soltarán.

2 A continuación estire la tela, de manera que quede plana por encima del brazo, y grápela por el interior del marco. Ahora puede hacer los primeros recortes. No olvide que siempre es mejor no pasarse con las tijeras, así que no corte demasiado. Básicamente debe dejar suficiente tela para cubrir el lateral, y hacer que el retazo de tela doblado debajo (como un dobladillo sin grapar) quede limpio. Juegue con la tela allí donde se frunza, ya sea doblándola o recogiéndola, según convenga. Repita en el otro lado del sofá. Estas son las partes más difíciles. Las partes trasera y delantera son más fáciles. Si su sofá no tiene brazos, será pan comido.

3 No tiene por qué coser nuevas fundas para los asientos. Envuélvalos con la tela.

Dele el toque final con una manta o dos y unos cojines (véase p. 28). Yo los hice muy rápido con sacos de grano y patatas. Sólo tiene que coser a máquina tres lados, ponerlos del derecho y meter el cojín. A continuación, doble hacia dentro los bordes en el lado abierto y cosa a máquina lo más cerca del borde que pueda. No necesita poner cremalleras. Para lavarlos, métalos en la lavadora, cojín incluido.

Base de silla

Este es el proyecto de tapicería más fácil y rápido de hacer: un asiento para silla. Levántelo. Coloque un retazo de tela firmemente alrededor. Grape en torno a la parte inferior, asegurándose de que la tela permanece tensa. Hecho.

 Las opciones son infinitas. Piense en las posibilidades cuando vea una pieza tapizada que no le guste y ármese con una grapadora y un retazo de tela.

Un taburete...

Una vez transformé un taburete forrando el asiento con un resto de tela blanca que grapé por debajo para que quedara fijo. Normalmente, por razones prácticas, elijo fundas sueltas para asientos y sofás, así puedo meterlas en la lavadora. La combinación de niños y tapicería fija suele ser motivo de crispaciones, que en este caso pueden evitarse fácilmente. Cuando algo es tan sencillo de hacer, ¿a quién le importa si alguien vierte zumo por encima o si el gato lo utiliza para pasar un buen rato? Sólo hay que quitarlo y tapizarlo de nuevo. Si quiere añadir más relleno, puede grapar un trozo de espuma para tapizar (o incluso poner varias capas para aumentar el relleno) encima del asiento.

ESTANTERÍAS DE PARED

Las cajas de vino viejas son ideales para hacer estanterías. Siempre quedan bien, ya sea desordenadas por la pared, colocadas en hilera o una encima de otra formando una pila.

necesitará

Cajas de vino

Pintura al temple o al agua

Rodillo y pincel pequeño

Taladro y brocas de 3,5 mm
y 7 mm o 7,5 mm

Nivel

4 tacos universales del 8 por caja

4 tornillos de 4 cm de largo
por caja

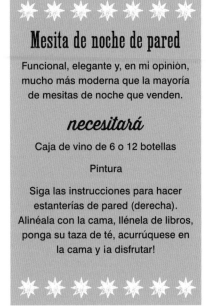

Mesita de noche de pared

Funcional, elegante y, en mi opinión, mucho más moderna que la mayoría de mesitas de noche que venden.

necesitará

Caja de vino de 6 o 12 botellas

Pintura

Siga las instrucciones para hacer estanterías de pared (derecha). Alinéala con la cama, llénela de libros, ponga su taza de té, acurrúquese en la cama y ¡a disfrutar!

Método

① Transformar las cajas sólo requiere darles una mano de pintura rápida. Para hacerlo, le servirá tanto una pintura al temple como una mate; elija la que tenga a mano o la que más le guste. Dos capas deberían ser suficientes. Como siempre, para ir más rápido y obtener el mejor resultado, use un rodillo y haga los acabados con un pincel.

② Taladre cuatro agujeros en la parte trasera de la caja, uno en cada esquina. Haga cada agujero a 10 cm del borde. Use una broca de 3,5 mm. Los agujeros tienen que dejar pasar la rosca del tornillo pero no la cabeza.

③ Coloque un nivel en la caja y sosténgala en la pared en la posición que quiera colgarla. Cuando esté nivelada, pase un lápiz afilado por los agujeros de los tornillos para marcar los puntos donde deberá perforar. Nunca está de más comprobar que no pasen cables ni cañerías por detrás; para ello puede adquirir un detector a pilas por un precio irrisorio. Haga los agujeros y meta los tacos en la pared (yo uso los universales, aptos para todo tipo de paredes). Conviene hacer los agujeros con una broca más pequeña que el taco, pues es más fácil agrandarlos si es necesario; si son demasiado grandes, tendrá que empezar de nuevo. Así que, inicialmente yo perforaría con una broca de 7 mm. Intente meter los tacos, con la ayuda de un martillo si es necesario. Si no entran, inténtelo con una broca de 7,5 mm. Una vez hechos los cuatro agujeros en la pared, pase los tornillos por los agujeros de la caja, guíelos hacia los tacos y atorníllelos.

 Puede pintar las cajas del mismo color que la pared, de un color complementario discreto o de un color vivo. También hay quien pinta el interior y el exterior de distintos colores.

FRASCOS IMANTADOS PARA ALMACENAR ESPECIAS

Como en la mayoría de los hogares, el espacio de los armarios de mi cocina es limitado, y el que ocupaban los frascos para almacenar especias me sacaba de quicio. No pueden apilarse y, aunque sean pequeños, ocupan mucho sitio. Mi armario para latas y frascos estaba lleno de productos que ni sabía que tenía porque no podía verlos.

Para aprovechar al máximo el espacio, decidí usar la cara interior de la puerta del armario. Un pequeño cambio de lo más acertado. Además de tenerlo ordenado, ahora siempre utilizo las especias, pues las tengo en mis narices cada vez que lo abro. Al cocinar me pregunto cómo sabrá un plato si le echo esto o lo otro, ¡de modo que mi cocina también ha mejorado! Para este proyecto, deberá comprar frascos y especias, así que no es de los más baratos. Pero cuando lo haga, estará encantado.

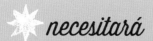 **necesitará**

Una plancha de acero inoxidable magnética para fijar en el interior de la puerta, con las medidas del área que quiere cubrir

Cinta adhesiva de doble cara

Pegamento fuerte para cristal y metal, para fijar los imanes a los frascos

Imanes fuertes

Frascos poco profundos

Rotuladora de estampación en relieve (opcional)

Método

① Busque por internet proveedores de planchas de acero inoxidable magnéticas (escriba "plancha magnética a medida" y obtendrá muchas opciones). Gran parte del coste de la primera plancha será por el trabajo que supone cortarla a medida. Seguramente deba pagar un recargo por ello pero una vez tengan la medida, la mayoría de proveedores le harán las planchas que quiera por un precio inferior, así que merece la pena comprar más si tiene otros armarios donde colocarlas. Piénselo: puede usarlas para colgar más frascos magnéticos o como lugar práctico y discreto donde colgar las listas de la compra o de cosas que hacer…

② Obviamente, no conviene ocupar demasiado espacio dentro del armario cuando la puerta esté cerrada, así que elija frascos poco profundos para almacenar las especias. Por norma general, intento evitar comprar algo que puedo conseguir gratis, como frascos de vidrio. Pero como no suelo comprar nada contenido en recipientes de este tamaño, compré unos frascos de mermelada de 100 ml en una tienda online. No son caros, todos son iguales y llevan la misma tapa plateada, así que quedan muy elegantes.

③ Como muchos otros artículos, yo compro los imanes por internet; con una búsqueda de "imanes circulares" encontrará muchísimas opciones. Veinte imanes de 1 mm × 10 mm cuestan alrededor de 5 € y necesita cuatro por frasco.

④ Pegue la plancha magnética en la cara interior de la puerta del armario con cinta adhesiva de doble cara y cola fuerte. La cinta le ahorrará tener que aguantarla en su sitio mientras la cola se seca.

⑤ Pegue los imanes con pegamento en la base de los frascos. Puesto que la base es cóncava, la mejor manera de fijarlos es pegando cuatro, dejando el mismo espacio entre uno y otro. Espere hasta que el pegamento se seque.

⑥ Mientras tanto, haga las etiquetas para identificar el contenido de cada recipiente. Si no tiene una rotuladora de estampación en relieve, mi consejo es que compre una, pues será una buena inversión. No son caras y pueden usarse una y otra vez. Si no, unas etiquetas adhesivas escritas a mano también servirán. Una vez se seque la cola, llene los frascos de especias y ¡que aproveche!

TABLAS DE CORTAR BLANQUEADAS

Una tabla de cortar de madera es un utensilio de lo más útil, práctico y fácil de hacer. Cuesta muy poco y le durará muchos años. Las tablas de cortar son otro ejemplo del típico utensilio que es tan sencillo que parece mentira que resulte tan caro.

Para conseguir trozos de madera, puede ir a un almacén de madera, a una carpintería o a una ebanistería. Los almacenes de madera suelen venderlos. Si conoce a un carpintero o a un ebanista, es probable que se los regale. Lije la madera para alisarla y redondear los cantos puntiagudos. Limpie bien la tabla y deje que se seque. Puede dejarla tal cual y sencillamente darle vida con un aceite de acabado para madera. Pero si desea hacer un acabado con pintura en el reverso, es muy sencillo. Y aquí le explico cómo hacerlo...

CONSEJO

Para limpiar una tabla de cortar de madera, fríeguela con bicarbonato sódico y zumo de limón. Esto eliminará los malos olores y las manchas. Un estropajo de metal le ayudará en esta tarea si debe hacer una limpieza a fondo. Ponga la tabla al sol para secarla y decolorarla al mismo tiempo y de manera natural. No olvide engrasarla de vez en cuando, para evitar que la madera se seque y se quiebre.

Método

❶ Deje un lado de la tabla sin lijar para que el lavado de pintura empape bien la veta. Mezcle la misma cantidad de agua que de pintura y remueva bien. La mezcla debe tener una consistencia lechosa.

❷ Coloque una tira de cinta de pintor alrededor de los bordes de la tabla para no pasarse con la pintura. Sólo debe pintar una cara de la tabla, asegurándose de que las líneas sean rectas y limpias. Sumerja un trapo ligeramente húmedo en la mezcla de pintura y frótelo contra la madera. Para conseguir un efecto limpio, use poca pintura y frote el trapo en una única dirección (la de la veta) de arriba abajo, y no de un lado para otro. Pinte un par de capas finas de color.

❸ A continuación trace la plantilla en forma de corazón o de estrella en un trozo de cartón (véanse las plantillas de las pp. 152 y 153). Córtelas con un cúter.

❹ Coloque la plantilla en la tabla, donde quiera. Elija una pintura distinta (sin aguar) para el corazón o la estrella. Para que resalte, asegúrese de que sea más oscura o más clara que la que usó antes. Aplique la pintura suavemente con una esponja húmeda. Si hay demasiada pintura, se filtrará por debajo de la plantilla, así que menos es más. Siempre puede añadir si es necesario. Aplique la pintura dando golpecitos con la esponja dentro de la plantilla para marcar el dibujo. Al quitar la plantilla, si la pintura se extiende, límpiela con un algodón mojado en un poco de aguarrás. No se preocupe si elimina la pintura alrededor del diseño: podrá arreglarlo luego.

❺ Deje que la pintura se seque por completo. Repase la tabla con otra mano de pintura con el trapo mojado para cubrir las zonas que hayan podido quedar sin pintar alrededor de la plantilla. Al hacerlo, desdibujará ligeramente los bordes de la estrella o el corazón, dándole un toque más suave y envejecido. De nuevo, deje que se seque.

❻ Finalmente, use un paño suave seco para untar la tabla por delante y por detrás con el aceite de acabado para madera. Aplique dos o tres capas finas. Esto evitará que la madera se seque y se agriete, y servirá de capa protectora para la pintura. Dicho esto, debe ir con cuidado con el lado pintado para no arruinarlo (claro está, no es la superficie donde debe cortar los alimentos). Estas tablas quedan muy bien apoyadas en la encimera de la cocina y ¡sin duda querrá lucirlas!

FUNDA PARA LA TABLA DE PLANCHAR

Aunque no nos guste demasiado, en la larga lista de menesteres domésticos se encuentra la tabla de planchar. Si tiene espacio, puede esconderla en cualquier armario. Si no, seguramente la tenga apoyada en una pared o colgando de alguna puerta; poco estético, pero necesario. Cansada del estampado adornado con quemaduras de mi tabla, decidí que había llegado la hora de renovarla.

Método

1 Su tabla es la plantilla, así que estírela encima de un retazo de tela y dibuje una línea alrededor del perímetro, a unos 15 cm del borde de la tabla. Corte la tela con tijeras dentadas para evitar que se deshilache.

2 Haga un dobladillo de 4 cm de ancho y sujételo con alfileres. En las curvas puede hacer pequeños cortes para que sea más fácil recoger y doblar la tela. No se preocupe si no consigue la máxima pulcritud. El dobladillo quedará debajo de la tabla, por lo que no se verá. Coloque los alfileres en perpendicular a los bordes de tela, de modo que la aguja de la máquina de coser pueda pasar por encima sin necesidad de ir quitándolos a medida que cose.

3 Cosa alrededor del dobladillo dejando 3 cm entre el punto de inicio y el final.

4 Use un imperdible o una aguja pasacintas (véase la p. 104) para enhebrar una cuerda, un cordel o un elástico a través del canal del dobladillo. Finalmente, coloque la funda encima de la tabla y tire de los extremos de la cuerda de modo que se recoja y quede fija alrededor de la parte inferior de la tabla. Haga un doble nudo para fijarla. Puede deshacer el nudo fácilmente si necesita quitar la funda o lavarla.

 Un detalle que, aunque no encabece nuestra lista de prioridades, puede hacer de la plancha algo más agradable, lo cual no es poco.

Pinzas para la ropa

Un uso extraordinario que convierte la humilde pinza de madera en un objeto práctico y elegante. Una bonita (y muy práctica) hilera de pinzas.

necesitará

Pinzas para la ropa

Pinceles pequeños

Pintura al agua

Pegamento extrafuerte

Pinte las pinzas. Use pintura al agua, porque va a acabar con los dedos llenos de pintura, y esta es fácil de lavar. Empiece abriendo las pinzas para pintar el interior; a continuación, píntelas por fuera, dejando uno de los lados largos sin pintar, pues irá pegado a la pared. Coloque las pinzas en posición vertical y deje que se sequen durante unos diez minutos antes de aplicar otra capa. Cuando la pintura se haya secado, asegúrese de que las pinzas no hayan quedado pegadas por la parte inferior. De ser así, apriételas por arriba para despegarlas.
Fije las pinzas a la pared con un pegamento extrafuerte. Deje que se sequen por completo antes de colgar nada. Son resistentes y aguantarán desde trapos de cocina hasta rebecas.

Aviso: estas pinzas son tan prácticas y fáciles de hacer, que sin darse cuenta puede acabar teniendo un pequeño ejército en casa…

PERCHAS NATURALES

Estas perchas son fascinantes. Pensará que exagero, que son sólo perchas, pero créame, el proceso de buscar la rama perfecta, recogerla, llevarla a casa, tallarla y finalmente colgarla en la pared, las convierte en mucho más que simples perchas.

No se me ocurre mejor manera de pasar la tarde del domingo que yendo a pasear con mi familia. Y cuando digo pasear, me refiero a caminar sin prisa, disfrutando del entorno y la compañía. Ya sea por el campo, el parque, un jardín público, el bosque o la playa, lo mejor de todo es buscar tesoros. La mayoría de hallazgos no necesitan adorno alguno y terminan decorando la casa, en estanterías, en la repisa de la chimenea o en el alféizar de las ventanas. Pero las ramas de árbol ofrecen infinidad de posibilidades y este proyecto es uno de mis favoritos.

✴ necesitará

Las ramas adecuadas

Una sierra

Cinta métrica

Papel de lija de rugosidad media

Taladro con varias brocas, desde las más pequeña hasta brocas de 4 mm

1 tornillo de 7 cm por percha

1 taco del 8 por percha

Método

1 Primero debe encontrar la rama, de alrededor de 2 cm de diámetro. Este es el grosor mínimo para perchas buenas y resistentes, pero si lo prefiere puede ser más gruesa. Busque ramas largas, rectas y rotas, y hágase con una que le llame la atención (las de mi proyecto son de eucalipto). Si la madera está húmeda, déjela secar en casa durante unos días.

2 Sierre la rama para conseguir un extremo plano para la percha y a continuación mida 11 cm desde el extremo y haga una marca con lápiz en la parte inferior. Mida 9 cm desde el extremo plano y haga una marca con lápiz en la parte superior. Básicamente, lo que quiere hacer es tallar una inclinación que alcance 2 cm de madera, de modo que cuando coloque el extremo sesgado de madera contra la pared, la rama quede inclinada hacia arriba, convirtiéndose en una percha. Corte la madera a lo largo de esta inclinación, empezando con un movimiento suave con la sierra para conseguir el ángulo deseado, y a continuación siérrela del todo.

3 Lije el corte hasta eliminar las marcas de la sierra y que quede pulido. Los anillos de la madera, tan bellos en su estado natural, quedarán al descubierto. Si es áspero, lije el extremo inclinado para suavizarlo.

4 A continuación deberá hacer un agujero a través del extremo inclinado para poder atornillar la percha en la pared. Haga una marca con lápiz en el centro del corte. El agujero tiene que atravesar la rama desde este punto hasta la parte inferior más larga; es decir, en un ángulo de 90 grados. No se preocupe si no tiene un transportador: no tiene que ser tan preciso. Sujete algo recto, como un lápiz o una regla, contra el borde cortado para poder ver la línea que tiene que seguir el taladro y marque un punto con el lápiz en la parte inferior de la madera. Sostenga la madera de manera que pueda ver los dos puntos hechos con el lápiz, coloque el taladro en la marca del extremo cortado y taladre. La manera más fácil de hacer el agujero es empezando con la broca más pequeña posible, que atravesará la madera en un abrir y cerrar de ojos, y a continuación taladrar a través del agujero un par de veces más, aumentando el tamaño de la broca cada vez para agrandarlo. La última broca debería ser de 4 mm.

5 La percha ya está lista para colgar. Use tornillos de 7 cm de largo y tacos del 8 para atornillarla en la pared (véase la p. 32 para instrucciones detalladas para taladrar).

CONSEJO

Si la sierra
no funciona bien,
eche aceite
–de cualquier tipo–
en los dientes de la hoja.
Con este truco,
irá como una seda…

PELOTA DE TENIS PARA FRENAR LA PUERTA

A veces es necesario poner algo detrás de la puerta para evitar que se estrelle contra la pared cada vez que alguien la abre a toda prisa. Este pequeño detalle tiene una gran función, especialmente si tiene algo colgado en la pared que quiera proteger o algo que sobresale que pueda dañar la puerta. En este caso, como en el de tantos otros objetos, nunca nadie se molestó en hacer un buen diseño, así que todos son bastante antiestéticos. Sé que es poco relevante, pero aún así, prefiero evitar gastar dinero en algo a menos que me encante o que no tenga elección. Esta es mi alternativa elegante, práctica y gratuita.

Una pelota de tenis cortada por la mitad y enganchada en la pared es el freno perfecto para la puerta. Está hecha de goma, así que la puerta rebota ligeramente cada vez que alguien la abre con demasiado entusiasmo.

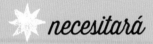

necesitará

Pelota de tenis

Cúter

Cinta adhesiva de doble cara

Tela, estampada o lisa, pero un retazo que cubra el exterior y rellene el hueco de la pelota

Grapadora

Lápiz

Pegamento extrafuerte

Método

❶ En primer lugar, corte la pelota por la mitad. Perfórela con el cúter y presione de manera que la parta en dos. Cubra el exterior de una de las mitades con cinta adhesiva de doble cara. Asimismo, pegue una tira en el borde interior.

❷ Presione la tela contra la cinta alrededor de la pelota. Estírela de manera que por fuera no quede arrugada. Tire de las puntas hacia el hueco y fíjelas a la cinta adhesiva. Si a pesar de estar envuelta con la tela, puede ver el color de la pelota, cúbrala con una segunda capa. Para asegurarse de que la tela está bien fijada (importante, ya que de lo contrario la pelota quedará suelta en la pared), grape los bordes hacia el interior de la pelota. Si las grapas son grandes y sobresalen, rebájelas con un martillo.

❸ Para saber en qué punto de la pared o el rodapié debe colocar la pelota para detener la puerta en el ángulo preciso, fije una tira de cinta adhesiva de doble cara en el reverso. Presiónela ligeramente contra la pared, allí donde piensa que debe ir, y compruebe que está en el sitio adecuado. Si no lo está, colóquela más cerca de la bisagra, o más lejos, hasta encontrar el lugar apropiado. Con un lápiz, haga una pequeña marca para saber dónde tiene que ir.

❹ Finalmente, extienda pegamento extrafuerte por el margen plano de la pelota y fíjela en la pared o el rodapié. Coja algún objeto grande y pesado, como una caja o una pila de libros, para presionar la pelota y evitar que se despegue mientras se seca el pegamento. Asegúrese de que presiona firmemente contra la pared para que quede bien fijada. Si el pegamento se sale, retírelo con una aguja de tejer o un cuchillo.

Tesoro de playa convertido en tope

Los tesoros que se encuentran en la playa son uno de mis recuerdos favoritos de las vacaciones. Son objetos que, como los olores, nos llevan al pasado, a revivir momentos que hemos olvidado. Cuando mi hija mayor tenía dos años encontró en una playa de Francia una piedra gris en forma de corazón. Cada vez que la veo en la estantería recuerdo ese día como si fuese ayer. Asimismo, el tope de nuestra puerta principal es una piedra que encontramos en una playa. Un consejo: si el suelo de su casa es de madera, pegue un trozo de fieltro debajo de la piedra para evitar arañazos.

Tesoro de playa convertido en tirador

La próxima vez que vaya a la playa, esté atento a posibles tesoros con agujeros, pues son tiradores naturales ideales para atar al extremo de una cuerda de cortina. Cuando empiece a buscar, se sorprenderá de todo lo que encuentra. Perforar una concha, una piedra lisa o un trozo de coral sin agujero es fácil. Lo que no debe intentar es perforar una piedra gruesa.

TIRADORES DE BORLA

Estos tiradores son un proyecto muy gratificante, pues los hará en un abrir y cerrar de ojos, del color que más le guste (en este caso son de colores que contrastan para resaltar las diferentes secciones) y su aspecto es mucho más bonito y divertido que el de cualquier tirador que pueda comprar. Como habrá comprobado, tengo un estilo más bien sobrio. Dicho esto, aquí y allá me gustan los elementos que contrasten con mi tendencia natural por lo austero; estos tiradores dan en el clavo.

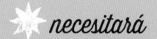

necesitará

Tiras de tela, cordel, hilo para bordar, lana o algodón

Tijeras

CONSEJO

Para hacer tiradores grandes, enrolle el hilo en algún objeto mayor que su mano, como un libro de bolsillo.

Si los hace de tela, le recomiendo que sean de algodón delgado, para hacer los flecos fácilmente. Cortarlos puede ser complicado. Sin duda, la manera más rápida, fácil y limpia de hacerlos es rasgando la tela.
Véase la p. 81 para saber cómo.

Método

❶ Este sencillo método para hacer borlas sólo requiere enrollar el material elegido en la mano para crear un ovillo gigante. Dé entre 40 y 80 vueltas, según cuán gruesa desee que sea la borla.

❷ Para colgar las llaves de ella o colgar la borla en un cajón o una puerta, coja otro trozo de entre 12 y 15 cm del mismo hilo o material y átelo para hacer un bucle de la longitud deseada, con varios nudos uno encima del otro. Para que quede fijo, debe terminar con una bola de nudos.

❸ Haga pasar la bola de nudos por el centro de la parte superior del cordel o la tela que ha enrollado con los dedos, de manera que quede dentro de los lazos.

❹ Coja otro cabo y páselo por debajo de la punta superior del lazo. Enróllelo varias veces en la parte superior de la borla, yendo de un lado al otro del lazo para mantenerlo fijo. Anude fuerte.

❺ Corte otro cabo y enróllelo en la borla varias veces, a aproximadamente 1 cm del extremo superior. Con ello, dará forma de bola a la parte superior del tirador. Anúdelo para fijarlo y deje los extremos sueltos colgando.

❻ Haga un corte en la parte inferior de la borla, que sigue enrollada. Esparza los hilos de modo que la bola anudada (que es la base del lazo para colgar el tirador) quede escondida dentro de la borla. Finalmente, recorte las puntas para igualar su medida.

Si desea usar las borlas como tiradores, en lugar de hacer un lazo independiente para colgarlas, haga varios nudos en la parte inferior de la cuerda de la cortina y presiónelo hacia el centro de la borla. Como tiradores quedan muy elegantes, pero le recomiendo que en lugar de tirar de la borla tire de la cuerda de la cortina.

DOSIFICAROR DE ESPUMA

Siempre he creído que los dosificadores de espuma son un invento brillante. Tan sólo hay que poner un poco de jabón en el dispensador, echar agua encima y, como por arte de magia, se convertirá en espuma. Además supone un ahorro importante: una botella de jabón líquido le durará diez veces más. Muchas personas se ponen en contacto conmigo para preguntarme dónde pueden comprarlos, pero la verdad es que comprar una versión elegante no es tarea fácil: he aquí una opción que le saldrá prácticamente gratis.

Basta con redecorar y reutilizar el dispensador de algún producto manufacturado. Siempre pienso que los envases son un regalo que viene con lo que se compra. Frascos de vidrio, aerosoles, cajas de zapatos y de cerillas, etcétera. Con un poco de creatividad se pueden convertir en algo realmente bonito. Si en su supermercado no venden dispensadores de espuma, busque "jabón en espuma" por internet.

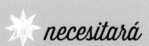 *necesitará*

Dosificador de espuma

Cinta adhesiva de doble cara

Retal de tela, suficiente para cubrir de sobra el cuerpo del dosificador, es decir, hasta el punto en que se desenrosca. No corte la tela a medida: es un esfuerzo innecesario

Tijeras de sastre

Cúter

Rotuladora de estampación (opcional)

Método

❶ Asegúrese de que el dosificador, además de estar limpio y seco por fuera, no tenga ninguna etiqueta. El aguarrás le ayudará a eliminar cualquier resto de adhesivo. Lávelo con detergente para eliminar malos olores.

❷ Cubra por completo el cuerpo del dosificador con cinta adhesiva de doble cara. Si la forma del envase es curva, es posible que deba entrecruzar un poco la cinta. No se preocupe por la pulcritud, tan sólo asegúrese de que queda totalmente cubierto. Retire el papel de la cinta adhesiva de modo que el dispensador quede totalmente pegajoso.

❸ Con cuidado, envuelva la tela alrededor, cubriéndolo por completo. Es posible que los extremos inferior y superior de la tela no coincidan: una los bordes de la parte inferior para que queden uno contra el otro y creen una línea recta a lo largo del dispensador, como su fuese una costura. Con las tijeras de sastre, recorte el exceso de tela de esta "costura" y alrededor de la base del dispensador. Finalmente, recorte con un cúter el exceso de tela de la parte superior, manteniéndola tensa y presionando con la hoja del cúter en el espacio entre el envase y la rosca. Tenga cuidado de no cortar el plástico con el cúter.

❹ Si tiene una rotuladora de estampación, añada etiquetas impresas o en relieve donde ponga "gel de ducha", "exfoliante" o "champú", según el contenido del dosificador, o déjelo sin etiquetar.

❺ Llene un cuarto del dosificador de jabón líquido o champú y añádale agua hasta llenarlo del todo. He aquí la manera de alargar la vida del jabón líquido o champú y de tener un dosificador de lo más elegante. Personalmente, utilizo dosificadores recuperados (de espuma o no) para todo: champú, acondicionador, aceite corporal, jabón, jabón para manos, etcétera. Quedan estupendos y no cuestan casi nada. Si la tela se ensucia, lávela con un poco de jabón líquido y agua.

CAJA PARA LAS LLAVES CON FOTO

Me encantan los objetos prácticos que marcan un antes y un después.
Aquellos que pueden cambiar el ambiente de una estancia o hacerle la vida mucho más sencilla. Las cajas para las llaves, por ejemplo. Tener un sitio para las llaves, donde estén ordenadas, y poder guardarlas y cogerlas cuando las necesite es ideal para evitar el estrés. ¿Cuántas veces va con prisas y es incapaz de recordar dónde dejó las llaves?

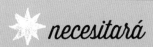 necesitará

Caja de vino de 3 botellas con tapa deslizante; la encontrará a buen precio en bodegas. Acuda a la de su zona o busque por internet ("caja de vino con tapa deslizante" y compare precios, pues varían bastante)

Pintura al agua o al temple (opcional)

Rodillo y pincel pequeño

Taladro con broca de 3 mm

Punzón

8 tornillos de gancho de 1,2 mm × 17 mm

Fotografía o imagen para el panel frontal

Sellador acrílico en espray (opcional, véase método)

Cinta adhesiva de doble cara

Tacos del 7

Tornillos de 5 cm de largo

Método

1 En primer lugar, retire el asa de cuerda de la caja, si la tiene. Puede dejar la caja tal como está o pintarla con rodillo y pincel. Sólo tiene que pintar los lados exteriores y la franja estrecha que rodea la tapa deslizante. Si quiere, también puede pintar el interior. No hace falta que pinte la tapa deslizante, ya que la cubrirá con la fotografía.

2 Si quiere colgar la caja en la pared, taladre cuatro pequeños agujeros, uno en cada esquina, para atornillarla a la pared. Marque los puntos donde taladrará, a 4 cm de los bordes.

3 Con un lápiz, marque puntos equidistantes donde tengan que ir los tornillos de gancho. Coloque una hilera de tres tornillos, luego una de dos y otra de tres, escalonando los tornillos para evitar que las llaves se amontonen unas encima de otras. Perfore cada agujero con un punzón y meta los tornillos. Por detrás la caja está hecha de madera fina; introduzca los tornillos hasta que las puntas estén a punto de atravesarla. En otras palabras, no los meta del todo, o saldrán demasiado por detrás. No se preocupe por el peso de las llaves: la madera lo aguantará.

4 Elija la fotografía que desea fijar en la parte frontal. Mida el tamaño exacto de la tapa deslizante (sin incluir las muescas por las que se desliza la pieza) para saber el tamaño que debe tener la imagen. Si puede imprimir la imagen en casa, mejor. Si no, haga el pedido a un fotógrafo o por internet. También puede imprimir varias imágenes y hacer un collage. En cualquier caso, la imagen debe tener un acabado sellador para evitar dañarla cada vez que abra y cierre la caja. Las impresoras fotográficas ofrecen un acabado acrílico profesional. También puede comprar sellador acrílico en espray para aplicar en casa.

5 Fije la imagen o imágenes en la tapa deslizante con cinta adhesiva de doble cara.

6 Si piensa colgar la caja en la pared, marque los puntos donde va a taladrar agarrando la caja y metiendo un lápiz por los agujeros de los tornillos. Fije los tacos y atorníllela. Si lo desea, también puede apoyarla en una estantería. Esta caja también es ideal para regalar.

Lo bueno de este proyecto es que no parece
una caja para las llaves, así que puede
ponerla donde quiera.

CAJA PARA FOTOS

Esta caja para fotos es ideal para ordenar fotografías cuando no tiene tiempo de meterlas en un álbum. Seguro que a menudo saca fotos con la cámara o el móvil, las sube al ordenador (o no) y luego se olvida de ellas. Ponerse a mirar fotos de vez en cuando puede ser una gozada. De acuerdo. A nivel más práctico, eliminar las que no han quedado bien libera espacio en la memoria del ordenador. Pero lo mejor de todo es tenerlas en papel para revivir momentos especiales que quizás había olvidado.

Mucha gente ha perdido la costumbre de imprimir fotografías, pues hoy en día ya no es necesario tenerlas en papel para ver cómo quedaron. ¿Se acuerda de cuando iba a revelar el carrete y una vez las tenía se daba cuenta de que en la mitad de fotos alguien salía con la cabeza cortada o con los ojos cerrados? Las copias en papel siguen siendo más gratificantes que ver las fotos en la pantalla del ordenador. Por supuesto, algunas fotos se enmarcan y se enseñan con orgullo, pero muchas permanecen en el limbo digital.

Método

1 Imprima una o varias imágenes para cubrir la tapa. Use la imaginación y juegue con distintos tamaños para obtener un resultado divertido.

2 Pegue las imágenes en la tapa deslizante, asegurándose de que las puntas queden bien pegadas. Córtelas a medida o bien sobrepóngalas, como prefiera.

3 Proteja las imágenes con una capa de sellador acrílico.

4 Cubra, pinte o deje el resto de la caja tal cual.

IDEAS PARA REGALAR

Esta caja puede ser el regalo ideal, y en caso de hacerla como obsequio, quizás pueda añadir una nota un mensaje personal (escrito a mano o estampado) en su interior.

Regalo de bodas: ideal como regalo de bodas en el que incluya fotos del gran día y quizás una cita romántica en el interior.

Regalo para el día de san Valentín: puede hacer una selección de fotografías desde el principio de la relación y acompáñelas del título de "su" canción.

Regalo de nacimiento: haga una selección de las mejores fotos de los primeros días de vida del bebé.

Escriba una cita o un mensaje personal en cada caja según la ocasión. Si lo prefiere, no escriba nada y deje que las imágenes hablen por ellas mismas.

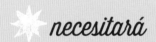 *necesitará*

Selección de fotos o imágenes

Pegamento

Caja de 3 botellas de vino con tapa deslizante, o cualquier caja con la que pueda hacerse fácilmente

Sellador acrílico en espray

Pintura, rodillo y pincel pequeño (opcional)

BOLSA CRUZADA

Esta útil bolsa es indispensable tanto para dentro como para fuera de casa. Como es grande, puede usarse como bolsa para la colada, pero su elegancia también permite llevarla colgada para ir a hacer la compra. Los tamaños que tiene a continuación son orientativos. Puede hacer esta preciosa bolsa más grande o más pequeña, dependiendo del uso que le quiera dar. Es muy fácil de hacer y le resultará muy práctica.

Me encanta hacer bolsas, para mí o para regalar, porque son muy fáciles de confeccionar. Ésta puede llevar forro o no; si lo quiere, véase el método de la p. 84 (olvidándose de la cremallera). Si usa diferentes telas puede obtener una bonita bolsa reversible.

necesitará

2 piezas de tela, una que mida 1 m × 40 cm (para la bolsa) y otra de 1 m × 16 cm (para la correa), cortadas con tijeras dentadas, si las tiene, para evitar que la tela se deshilache

Máquina de coser e hilo

Alfileres

Método

1 Doble la pieza grande de tela por la mitad, a lo largo, con el lado derecho mirando hacia dentro, y cosa los lados y la parte inferior a 1 cm del borde. Use el ajuste de puntadas más corto posible para crear una costura bien fuerte. Si prefiere usar una puntada más larga, haga una doble hilera para reforzarla.

2 Haga un dobladillo de 2 cm de profundidad a lo largo de la parte superior de la bolsa, doblando la tela dos veces, de manera que los bordes sin pulir queden dentro. Sujete el dobladillo, colocando los alfileres en perpendicular al borde de la tela de modo que la aguja de la máquina de coser pase por encima sin romperlos, y cósalo. Gire la bolsa del derecho.

3 A continuación, haga la correa doblando la tira larga de tela por la mitad, a lo largo, con los lados derechos mirando hacia dentro. Cosa alrededor de uno de los lados cortos y el borde largo dejando un dobladillo de 1 cm y con puntadas cortas para mayor resistencia. Gírelo del revés siguiendo el método de la p. 80 para hacer correas de tela. Doble los bordes hacia dentro y cósalos de manera que queden unidos.

4 Cosa un extremo de la correa al borde interior del dobladillo superior de la bolsa en un lado, justo al lado de la costura lateral. Para que quede pulcro, cosa por encima de las puntadas. Refuerce la correa cosiendo un rectángulo de puntos con una cruz en el centro.

5 Tire de la correa hacia el otro lado de la bolsa, asegurándose de que no se retuerza, y cósala al borde interior de la costura superior diagonalmente opuesta.

Estas bolsas pueden colgarse detrás de una puerta para guardar cualquier cosa, desde ropa hasta productos de baño o de limpieza. Fuera de casa son ideales para llevar libros, hacer la compra, ir de picnic, meter la ropa de deporte, etcétera. También son perfectas para regalar.

BOLSA DE TELA IMPERMEABLE

Esta magnífica bolsa para la compra es una alternativa elegante y práctica a las bolsas de plástico de los supermercados que, como todos sabemos, no deberíamos usar.

Como pasa a menudo con las alternativas "verdes", existe una razón menos ética para optar por ellas: hacen la vida más fácil. Se acabó cargar con bolsas pesadas de plástico fino que dejan las manos como si las hubiera pasado por el alambre de cortar queso mientras arrastra la compra hasta su casa. Y se acabó llenar y vaciar un sinfín de bolsas. Además, esta bolsa es muy bonita. Y por supuesto, se sentirá satisfecho de estar haciendo lo correcto. Es estupenda para ir de compras, a la playa, de picnic, al gimnasio, de viaje, etcétera. ¡Y apuesto a que le preguntan dónde la compró!

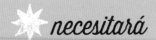 necesitará

Máquina de coser e hilo

1 m de tela impermeable

3,5 m de cincha sintética de 50 mm

Tijeras de sastre

Cinta adhesiva de doble cara

3 piezas de tela impermeable:

* Una larga, de 112 cm × 34 cm

* Dos más cortas, de 41 cm × 34 cm cada una

Método

① Coloque la máquina de coser con el ajuste de puntadas más corto para que los puntos queden unidos y fuertes.

② Extienda la pieza larga de tela impermeable con el lado derecho mirando hacia arriba y el borde corto encima. Coloque una de las dos piezas más cortas arriba, con el lado derecho hacia abajo, de modo que los bordes superiores de las piezas (de 34 cm) queden alineados. Cosa a lo largo del lado derecho dejando una costura de 1 cm, empezando justo por arriba, pero termine a 1 cm de la parte inferior de la pieza más corta, para poder unir la base de la bolsa. Si quiere una guía para la costura, dibuje una línea a lápiz con una regla.

③ Los extremos deben quedar bien acabados, para que la bolsa sea resistente. Entrelace los extremos intercalando los puntos unos 2 cm a lo largo de la costura y realice varios nudos.

④ Gire la pieza impermeable grande unos 180 grados y coloque la segunda pieza más corta encima con el lado derecho mirando hacia abajo. Asegúrese de nuevo que los lados de 34 centímetros de cada pieza estén totalmente alineados. Cosa a lo largo del borde derecho dejando un espacio de 1 cm y pare a 1 cm de la parte inferior de la pieza más corta.

⑤ Abra la tela impermeable extendida boca arriba de modo que quede en forma de S. Doble la parte central larga hacia arriba en forma de U (los lados derechos deben quedar mirando hacia dentro). Haga los pliegues en línea con los lados de 41 cm de las piezas de tela impermeable más pequeñas. Doble por la mitad las solapas laterales para completar los lados de la bolsa. Alinee los bordes superiores y haga la costura a lado y lado hacia abajo. Una las costuras cosiéndolas a la base de la bolsa. Dele la vuelta a la bolsa para que quede del derecho y saque las esquinas.

⑥ Corte dos piezas de cincha para las asas, de 175 cm cada una. La manera más fácil de colocar la cincha es poniéndola en su sitio con una pequeña tira de cinta adhesiva de doble cara en el centro de la cincha. No ponga cinta donde deban ir los puntos, porque frenará la aguja y acabará rompiendo el hilo. Coloque la cincha a unos 4 cm de cada costura lateral. Empiece fijando un extremo al centro de la parte inferior de la bolsa, dé la vuelta alrededor de la parte superior y termine juntando ambos extremos en la parte inferior, sobreponiéndolos 2 cm. Doble el extremo unos 2 cm para que no se deshilache. Las asas deben tener una longitud de 64 cm.

CONSEJO

Para conseguir que las esquinas sean ángulos rectos perfectos al cortar la tela, use un libro grande o una revista. Coloque una regla a lo largo del borde del libro para asegurarse de hacer una línea recta y marque la largada que necesite. Lo bueno de usar tela impermeable es que las piezas se pegan sin problemas cuando están lado derecho con lado derecho para coserlas, por lo que no es necesario sujetarlas con alfileres. Además, los bordes no se deshilachan, así que tampoco hace falta hacer un dobladillo.

HECHO EN CASA

regalos

Regalar objetos hechos a mano es un placer, para quienes los hacen y para quienes los reciben. Con nuestro frenético ritmo de vida, hay veces que regalar algo puede convertirse en un fastidio, pues a muchos se nos agotan las ideas y entramos en pánico en el último momento. Un poco de planificación lo convierte de nuevo en el proceso meditado y agradable que debería ser. Y si opta por hacer algo usted mismo –o que incluya algún elemento hecho en casa– puede hacer regalos realmente únicos. A menudo, lo que más agradece quien lo recibe es el tiempo y esfuerzo que se le han dedicado. ¿No es genial cuando está tan emocionado con el regalo que va a dar que no puede esperar a que lo abran?

La mayoría de estos proyectos pueden hacerse en cuestión de minutos, pero algunos, como los de punto, llevan más tiempo. Como si de preparar una buena comida se tratara, sea lo que sea que haga, piense con antelación si dispone de los ingredientes necesarios para hacerlo, entre ellos, el tiempo. Lo que debe evitar es estresarse en el último momento por haber añadido a su cóctel diario de ajetreo algo para lo que no tiene tiempo.

Los mejores regalos suelen ser los más sencillos. Un libro, una lista de canciones elegidas a conciencia, un recopilatorio, una película, una comida, una fotografía. Todos mis regalos hechos a mano producen pequeños placeres, ya sea el abrigo de una bufanda tejida a mano para las noches frías, el olor o la luz de una vela hecha a mano, un picnic en una manta personalizada, un desayuno en la cama o unos deliciosos dulces de chocolate caseros con una taza de té.

Y por supuesto, la satisfacción añadida de los regalos hechos a mano es el placer que produce explorar nuestro lado más creativo en lugar de ir de tienda en tienda en el último momento.

PORTAVELAS DE ARCILLA BLANCA

Estos portavelas sencillamente me encantan. Son muy elegantes y tan sólo tardará unos minutos en elaborarlos; no podrían ser más fáciles de hacer.

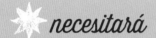

necesitará

Arcilla blanca de secado al aire: yo siempre la compro por internet para más comodidad, pero la encontrará en tiendas de manualidades

Regla

Sellos: use con encaje, de tela, con motivos de la India o cualquier otro estampado en relieve

Rodillo de amasar

Cuchillo afilado

Velas pequeñas

Método

1 Parta un trozo de arcilla del tamaño de un puño y forme un rectángulo de unos 2 mm de grosor. La forma del corte final debe ser de unos 22 cm × 5 cm, así que asegúrese de que las medidas del trozo sean superiores a estas.

2 Con el sello elegido grabe la arcilla para adornar la superficie. Si usa encaje, presiónelo en la arcilla con el rodillo de amasar para que el grabado sea más profundo. Puede decorarla con cualquier objeto, así que use la imaginación. Yo utilizo sellos con motivos de la India en relieve. Con el borde de una lata puede hacer un bonito acanalado. También, puede hacer agujeros siguiendo un patrón.

3 Perfeccione el rectángulo cortándolo con un cuchillo afilado. Moldee un extremo de modo que termine en forma de punta, como si fuese un cinturón. Con cuidado, levante la arcilla y enrolléla haciendo un cilindro, con la cara adornada hacia fuera y el extremo puntiagudo sobreponiéndose en el exterior. Presione las partes sobrepuestas para unirlas con suavidad y firmeza. Coloque el cilindro en posición vertical y vuelva a darle forma suavemente, de manera que la base y la parte superior queden tan redondas como sea posible. No se preocupe si no consigue un cilindro perfecto. Parte del encanto de este proyecto son sus imperfecciones, su aspecto artesanal, que subraya que está hecho a mano –con amor– y no sacado de una línea de producción. A continuación sólo tiene que dejar que la arcilla se seque al aire. Al secarse lucirá un blanco nítido, como el de la porcelana inacabada.

4 Encienda una vela, métala dentro de su obra de arte y admírela. El mejor sitio para lucirla es en una estantería, para que no se vea la vela, sino sólo el brillo que se cuela por encima o por los agujeros laterales. Realmente bonito.

Aunque se trata de portavelas bastante robustos, también son delicados, así que si los va a regalar, póngalos en una cajita antes de envolverlos. Añada unas velitas en el paquete, en una bolsa o en un frasco.

VELAS PERFUMADAS

Las velas perfumadas son muy caras, así que yo ya no las compro, a menos que las encuentre bien de precio. Como pasa con la mayoría de detalles elegantes, lo que encarece el producto es el envoltorio y el "factor bien estar". Es decir, cuando compramos algo baratísimo no parece que nos estemos dando un lujo, ¿verdad? Por eso el precio de muchos artículos se encarece, para fomentar la compra. Hacer velas no podría ser más fácil y la satisfacción, tanto de quien las hace como de quien las recibe, es incomparable a la que producen las velas compradas.

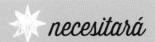 *necesitará*

Cera: cómprala a peso. Con 1 kg le saldrán entre 6 y 8 velas bastante grandes. Elija una cera especial para hacer velas en envases, pues no se encogerá cuando cuaje, mientras que la cera para velas sin envase se separaría del molde

2 cacerolas, grande y pequeña

Fragancia para velas (opcional)

Envases: pequeños frascos de mermelada, tacitas de café, botes de yogur de cristal, etcétera

Mecha: cómprala a metros para cortarla a medida. Las velas en envase deben tener una mecha con una base que las mantenga erguidas cuando la cera se vuelva líquida a medida que va quemando. Las mechas pequeñas con una base de metal son ideales para las velas de hasta 5 cm de diámetro

Pies para las mechas: pequeños discos de metal con un agujero en medio para que la mecha se aguante en la base

Pegamento para velas, para fijar el pie de la mecha a la base del envase

Tras mucho tiempo intentándolo, pensé que nunca lograría hacer mis propias velas, pues era complicado y confuso, con tantísimos materiales disponibles. Y no me gustan los proyectos que llevan más esfuerzo que recompensa. Así que decidí no complicarme; no entiendo por qué tardé tanto en hacerlo.

Existen muchos tipos de ceras, así que la siguiente explicación rápida presenta las opciones básicas. La cera mineral proviene del petróleo y en estado sólido tiene un color blanco brillante. Es la cera con la que están hechas la mayoría de velas que hay en el mercado, incluyendo las más caras. La cera de soja está bastante de moda porque es "natural", aunque obviamente el petróleo también es natural. Pero ya me entiende. En estado sólido, la cera de soja presenta un aspecto apagado y blanquecino. La cera de abeja es la más natural de todas, pero es mucho más cara. También puede fundir y reutilizar viejas velas: aquellas que tienen formas raras, las huecas por dentro, las que ya no queman tan bien o los restos de vela que quedan en la base de un frasco o cualquier vela pasada de moda que tenga ganas de derretir y reusar. Sólo recuerde: si usa velas que no vienen en envases, es posible que la cera se encoja ligeramente. Personalmente me resulta más fácil trabajar con cera mineral para envases.

La manera más fácil de perfumar velas es comprando esencia especial para velas en cualquier cerería. Sin embargo, el olor de muchas esencias es bastante artificial. Lo que está escrito en la etiqueta no siempre corresponde al verdadero olor, así que intente olerlas antes de comprarlas. Yo le recomiendo una esencia que probablemente no elegiría, porque suena un poco raro: la de tomate. Es similar a la de higo. Si busca algo más intenso, añádale un poco de pimienta. Sí, vuelve a sonar raro, pero funciona. Puede usar aceites esenciales, pero supone más trabajo, pues no todos son aptos para velas y es difícil saber cuáles lo son, así que yo no me complicaría. Además, las esencias para velas son más económicas. [...]

 CONSEJO Para saber la cantidad de cera necesaria para un envase, llénelo de agua y a continuación viértala en una jarra medidora. Los mililitros de agua equivalen a los gramos de cera necesarios.

CONSEJO

La manera más fácil de eliminar restos de cera de un envase es llenarlo de agua hirviendo. La cera se derrite y sube a la superficie. Cuando el agua se enfríe, retire los trozos de cera con las manos y el envase estará limpio. Así de fácil.

Método

1 Para hacer la vela, corte la cera que vaya a usar en trozos pequeños (si es que no viene en copos o gotas) y échelos en la cacerola pequeña. Llene tres cuartas partes de la otra cacerola con agua hirviendo. Coloque la cacerola pequeña dentro de la grande; el calor del agua derretirá la cera. La idea de derretir la cera directamente en el fuego es tentadora pero peligrosa porque existe el riesgo de que se encienda y haga llama. Además, usar dos cacerolas no supone un esfuerzo mucho mayor. (No utilice un bol para derretir la cera, pues se calentaría demasiado y necesita un mango para verter el contenido; y el bol podría hacerse añicos si accidentalmente se le cayera). Una vez la cera esté totalmente derretida, apague el fuego. Si ha optado por usar viejas velas, no se entretenga a pescar la mecha o cualquier resto. Los trozos quedarán en el fondo de la cacerola cuando vierta la cera. Deje que la cera se enfríe un par de minutos antes de añadir la esencia. Añada 5 ml de aceite perfumado por cada 100 g.

2 Mientras se derrite la cera, vaya preparando los envases. A mí me gustan los de mermelada por su sencillez y porque me salen gratis y tienen tapa. Las macetas y contenedores del estilo también son muy elegantes, pero va a gustos. Las tacitas de café también son populares y, aunque las encuentro un poco cursis, ¿a quién no le gusta un toque *kitsch* de vez en cuando? Como regalo son preciosas.

3 Enhebre la mecha a través de los pies para mechas. Tire un poco de la mecha por la parte inferior del pie y dóblela de manera que quede plana por debajo. Presione el tubo de metal por el que pasa la mecha con unas tenazas para que no se mueva. Aplane la base metálica si se dobla al hacer presión con las tenazas. Si es perezoso, como yo, olvídese de las tenazas y hágalo con los dientes. Con un cuchillo, rebañe una gota de pegamento para velas, extiéndala por la parte inferior del pie y fíjelo en el centro de la base interior del envase. Lo bueno de usar mechas con base de metal es que quedan erguidas hasta que la

cera se solidifica. Si la mecha no queda centrada, coloque algún objeto, como un palillo, encima del envase donde poder apoyarla y mantenerla en su sitio.

④ Una vez la cera se haya enfriado, viértala en los envases y por encima de la mecha, para que se encienda con más facilidad. De nuevo, no se preocupe si se cuela algún resto de velas viejas en el envase. Se hundirá hasta el fondo de la cera derretida y no se verá cuando se solidifique. Si la cera está demasiado caliente cuando la vierte en el envase, es posible que derrita el pegamento y se despegue el pie. Si esto ocurre, presiónelo hacia el fondo con un cuchillo o algo similar. Deje que cuaje durante dos horas.

⑤ Cuando la cera esté sólida, corte la mecha a unos 0,5 cm de la superficie.

Si ha usado un frasco de mermelada, es buena idea terminar el regalo pintando la tapa con espray o forrándola con tela (con cinta adhesiva de doble cara). También puede añadir una etiqueta para identificar la esencia.

Cuando limpie, recuerde que no debe tirar ningún resto de cera por el fregadero, pues se solidificaría y obstruiría el desagüe. Si quedan algún resto en las cacerolas, frote hasta retirarlo o caliéntelas para que se derrita, y viértalo en algún sitio donde al solidificarse pueda tirarse a la basura. También puede eliminarlo con aguarrás. Si lo hace, lávelas bien con agua caliente y jabón líquido a continuación. Las toallitas para bebés también son estupendas para retirar la cera o el pegamento para velas de cualquier utensilio.

 Haga alrededor de ocho velas por el precio de una vela lujosa. ¿A qué espera?

CONSEJOS PARA HACER VELAS

● Si tiene una vela vieja y polvorienta, échele agua hirviendo: quedará como nueva en un instante. Vierta el agua en una taza y déjela enfriar para que la cera se solidifique y pueda tirarla a la basura, sin arriesgarse a obstruir el desagüe.

● Recupere una vela que haya quemado mal o que tenga una forma rara derritiéndola con un secador a la mínima potencia. Hágalo con cuidado para que la cera no salga disparada. Una vez seca quedará como nueva.

● Para no quemarse los dedos cada vez que enciende una vela, aguante la cerilla con unas pinzas de cocina. Un truco ideal para encender velitas en envases de tubo.

● Pesque cualquier resto de cerilla o exceso de mecha que haya caído en una vela encendida. Si los deja, pueden quemar y estallar peligrosamente cuando la vela se esté acabando.

● Tengo dos maneras preferidas de envolver velas: con celofán o con bolsas de tela. Un rollo grande de celofán es útil para guardar las provisiones. Es especialmente práctico para envolver velas en tacitas de café y mantenerlas unidas y protegidas. Envuélvalas en forma de bolsita que puede cerrar con una cinta o una cuerda bonita. Para las demás velas, haga sencillas bolsas de regalo (véase la p. 79).

PUNTO

El punto es terapéutico, relajante, satisfacción en estado puro. Es una de esas cosas que uno no entiende hasta que prueba. Entonces se sentirá como si se abriese paso en el mundo secreto de quienes dominan el tema. Parece mentira que algo tan sencillo produzca tanto placer. Un par de agujas, un ovillo de lana, la posición perfecta... ¡Y un sinfín de posibilidades!

Si tuviese que describirme, diría que soy una tejedora convertida. En el colegio hacíamos punto, y recuerdo que me tenía totalmente absorta. Pero con el tiempo, tuve que priorizar mis estudios, metí mis agujas en un cajón y acabé olvidándome de ellas. Fue justo después de publicar mi primer libro cuando una compañera se puso en contacto conmigo para decirme que uno de sus quehaceres más relajantes era el punto. Una afición que precisamente había pensado que tenía que recuperar. Me alegré muchísimo de que me lo dijera. El punto es divertido. Está de moda. Es fácil. Y puede hacerse en cualquier lado. Los viajes largos pasan más rápido mientras uno está ensimismado con el ruidito de las agujas. En el sofá. En la playa. En cualquier sitio.

Como tenía el tema muy olvidado, me puse en contacto con una amiga para que nos diese, a las niñas y a mí, una clase de punto. La mejor manera de aprender es con algún conocido que sepa (¡y que tenga paciencia!) para que le vaya guiando. Si no conoce a nadie, a continuación tiene los consejos básicos necesarios para adentrarse en el mundo del punto. [...]

 Si quiere tejer algo grande, use lana gruesa y agujas grandes. De no ser así, el proyecto se le hará interminable.

CONSEJOS

Para comprobar si hace un punto del derecho o del revés, fíjese si la lana ha dado una vuelta por encima de la aguja. Los puntos del revés son dispares y dan la vuelta por encima. El punto del derecho es suave y plano.

Para no sufrir calambres ni tirantez en las articulaciones, estire los dedos después de cada sesión de punto. Las bolas chinas –o de Baoding– son el regalo perfecto para una tejedora entusiasta.

Cambiar de lana

Tendrá que hacerlo cuando se acabe el ovillo o si desea cambiar de color. Si puede, es mejor cambiarla al inicio o al final de una pasada, para no tener que preocuparse por si accidentalmente pasa el nudo por un punto. No es ninguna catástrofe si de repente tiene que cambiar de hilo a media pasada, pero asegúrese de que el nudo queda tenso en cada punto o terminará con un agujero donde la lana no se haya tensado lo suficiente. Cuando tenga que cambiar de lana, deje extremos de unos 10 cm que puedan tejerse (véase derecha).

Cómo montar los puntos

Haga un nudo corredizo en la lana, dejando una hebra de alrededor de 10 cm. Colóquelo en una de las agujas y estírelo para que quede ceñido. Coja la aguja con la mano izquierda. Agarre el extremo suelto de lana contra la aguja para quitarlo de en medio. Coja la otra aguja con la mano derecha. Inserte la aguja derecha de abajo hacia arriba del punto de la aguja izquierda y hacia el final de la aguja izquierda, haciendo una cruz con las dos agujas. Dé una vuelta con el hilo en sentido contrario a las agujas del reloj en la aguja derecha y llévelo hacia adelante entre las dos agujas. Agarre el hilo firmemente contra la aguja derecha y pásela por encima del nudo corredizo de la aguja izquierda y por debajo hacia la punta de la aguja izquierda, tirando del hilo con el que lo ha envuelto el nudo. Pase el nudo a la aguja izquierda y tire de él para que quede ajustado (pero no se pase: los puntos deben poder deslizarse). ¡Así de sencillo! Los dos primeros puntos montados. Trabaje hacia el primer punto (el que queda más cerca de la punta) de la aguja izquierda y repita hasta hacer cuantos necesite.

Punto del derecho

Empiece como si fuese a montar los puntos, pero al llegar el momento de pasar la aguja derecha por el nudo, en lugar de tirar del nudo para colocarlo en la aguja izquierda, manténgalo ceñido en la aguja derecha y escurra el punto original por la aguja izquierda. Al tejer un punto, el hilo que trabaja siempre está detrás de la aguja derecha.

Punto del revés

Es el punto inverso al punto del derecho. Con el hilo delante de la aguja derecha, inserte la aguja derecha hacia abajo por la parte superior del primer punto de la aguja izquierda y hacia delante, haciendo una cruz con las agujas. Forme un nudo suelto al final de la aguja derecha, de manera que pase a través de las dos agujas. Agarre la lana en la aguja derecha, deslícela por el nudo de la aguja izquierda y por detrás de la aguja izquierda, tirando del hilo que envuelve la aguja derecha por el nudo. Tire del hilo que trabaja para que quede ceñido y escurra el punto original de la aguja izquierda. Al hacer este punto, el hilo que trabaja permanece delante de la aguja derecha. Combine ambos tipos de punto para crear todo tipo de muestras.

Cómo rematar los puntos

Dé dos puntos en la aguja derecha. Use la punta de la aguja izquierda para levantar el primer punto de la aguja derecha. Pase este punto por encima del segundo y deshágalo. Dé otro punto y repita, pasando el primer punto por encima del segundo y así sucesivamente. Cuando le quede un solo punto en la aguja derecha, corte la lana dejando una hebra de unos 10 cm. Escurra el punto, pase el extremo del hilo por el último punto y tire.

Cómo pulir cabos sueltos

Al terminar de tejer, el mero hecho de pensar en arreglar los cabos sueltos es molesto. Pero es menos engorroso de lo que parece, pues en realidad es muy fácil de hacer. También es muy satisfactorio porque fácilmente puede eliminar los cabos de manera que parezca que nunca hayan estado allí. Enhebre el cabo con una aguja para lona y entretéjalo por el reverso de los puntos. La manera más sencilla de hacerlo es pasar la aguja por los puntos y dar un único tirón al hilo para todos los puntos. Es mejor tejer a través de los extremos a lo largo de las puntas de la pieza tejida, pero si tiene que hacerlo en medio de la muestra, no pasa nada. Así debería poder hacer desaparecer por completo los cabos sueltos.

Para un acabado resistente, pase una aguja a través del cabo largo, haga un nudo corredizo, pase otra aguja a través del cabo largo, anude, estire unos puntos más y recorte. Según lo que haga puede necesitar un acabado resistente o no. Yo lo hago en prendas que quiero que sean duraderas, como las bufandas, pero en la mayoría de prendas basta con coser el cabo largo.

Cómo comprar lana

Antes de comprarla debe saber que la lana es cara. Cuando empecé, pensaba que sólo iba a tejer prendas de suavísimo y colorido cachemir… ¡Hasta que vi lo que valía! Como alternativa puede comprar lana cien por cien de alpaca o una mezcla de fibras, que es igual de preciosa y suave, pero más asequible. Ninguna lana de buena calidad es barata pero, en mi opinión, ya que se toma el tiempo de tejer algo que con suerte le va a durar años, merece la pena comprar la lana más buena y suave que pueda permitirse.

Si la compra en ovillos, deberá enrollarla antes de empezar a tejer, o acabará enredándose y siendo un revoltijo de nudos. Lo digo por experiencia. Créame, es un recorte de presupuesto que, a la larga, resulta en una pérdida de tiempo y en mucho más esfuerzo. En algunas tiendas tienen una máquina con la que le enrollarán la lana que compre, así que recuerde pedirlo. Si tiene que hacerlo usted, olvídese de enrollar la lana alrededor de los brazos de nadie: hágalo usted, enrollándose la lana alrededor de los tobillos. Con cuidado, desenrolle el ovillo trenzado para formar un gran lazo. Ponga los pies en el sofá y colóquese el lazo alrededor de los tobillos. Abra las piernas para tensar la lana. Ahora sólo tiene que desenredarla a su ritmo, enrollándola en una bola a medida que avanza.

Antes de empezar

Antes de ponerse en serio, no empiece directamente con un proyecto. Practique montando ocho puntos y haciendo ocho pasadas varias veces. Cuesta saber la tensión que debe ejercer en cada momento, por lo que aprenderlo le llevará algún tiempo. No es difícil, sólo tiene que practicar. Las dos primeras pasadas siempre quedarán rígidas, pero la tensión disminuirá cuando empiece con la tercera, lo que hará el punto más fácil y suave. También es buena idea ir comprobando el número de puntos en la aguja mientras practica, porque cuando empieza, es muy fácil añadir puntos de más sin querer o que se le olvide alguno. Se le colará algún punto cuando enganche, sin querer, un nudo de más al pasar la aguja derecha por el nudo de la izquierda, así que al principio deberá ir con cuidado.

CONSEJO PARA HACER PUNTO ZEN

En caso de una catástrofe mientras teje –equivocarse de punto o ver cómo la aguja se sale por completo– ¡que no cunda el pánico! Extienda el proyecto en una superficie plana y retire las agujas. Ello requiere una calma zen. Tire del extremo suelto con suavidad para deshacer las últimas pasadas, o las que sea necesario, para llegar al punto donde metió la pata. Esto pondrá al descubierto una línea de nudos sueltos perfectos. Con cuidado, pase una aguja por todos excepto el último, donde quedó el cabo suelto de hilo. Verá que este cabo queda entre el último y el penúltimo punto. Pase este último punto a la otra aguja y teja como si estuviese terminando la pasada, siendo este el último punto. Ya está. A partir de ahí, puede seguir tejiendo con normalidad. Nota: si la aguja no se desliza con facilidad por esta pasada es porque el punto entró en la aguja al revés. Quítelo y dele la vuelta antes de seguir. Yo lo aprendí a la fuerza.

BUFANDA CON BROCHE

Las bufandas son unas de las prendas más fáciles de tejer y seguramente el primer proyecto que hacen la mayoría de aprendices. Soy una adicta a las bufandas; no hay nada más sencillo para dar colorido a un conjunto.

Como ya tenía un buen repertorio de bufandas antes de redescubrir el Punto (con P mayúscula, ¡porque para mí es como una religión!), quería elaborar un punto muy básico, pero que al mismo tiempo fuese lo suficientemente elegante como para haberlo encontrado en una tienda de moda. En lugar de una bufanda larga, opté por una más bien corta y ancha, que se fijase con un broche en vez de atarse.

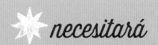

necesitará

200 g de hilo grueso: entre 4 y 5 ovillos (compruebe el peso en la etiqueta)

Agujas de 8 mm

Alfiler imperdible para pañales o tipo *kilt*; puede encontrarlo en una mercería o por internet a buen precio. Si lo prefiere, un broche funcionará igual de bien

Método

Monte 42 puntos para que el ancho de la bufanda sea de unos 38 cm. El patrón alterna dos puntos del derecho y dos puntos del revés en cada pasada. Cada pasada empezará y terminará con un punto del derecho, lo que significa que los puntos del derecho y del revés se irán alternando para crear un bonito patrón, ligeramente agujereado, semejante al ganchillo. Es perfecto para trabajar lana gruesa con agujas grandes y dar calidez sin que el volumen sea desmesurado. Es el llamado punto bobo. Así que, haga dos puntos del derecho, lleve el hilo al frente, haga dos puntos del revés, lleve el hilo al final y haga dos puntos del derecho y dos del revés, y así sucesivamente hasta terminar la pasada. A medida que vaya avanzando, compruebe que el tamaño de la bufanda es el adecuado probándosela por encima. La mía mide 140 cm de largo (110 pasadas), por lo que necesité cuatro ovillos de lana, pero el cálculo no siempre es exacto. Como pasa con la mayoría de cosas, cuando hay que ser preciso ya no es tan divertido.

Esta bufanda no se teje en un pispás, pero es fácil de hacer. El tamaño final es de alrededor de 38 cm × 140 cm, ¡así que hay trabajo! Pero, en mi opinión, el placer está en tejerla y, como es tan sencilla, puede ir haciendo sin prisas y sin preocuparse por el patrón. Cada pasada empieza con un punto del derecho, así que no será necesario acordarse de dónde lo dejó. Le garantizo que tan pronto la termine, querrá empezar con la siguiente.

 Si quiere regalarla, envuélvala en una bolsa de regalo (véase la p. 79), con una bolsa básica de lavanda para mantener las polillas a raya dentro del armario.

★★★
MUÑEQUERAS DE LANA

Como ya sabe, no me gusta complicarme la vida, y estas muñequeras no podrían ser más sencillas. Están hechas a partir de un rectángulo básico unido por una costura con un agujero para el pulgar. Son geniales.

Estas cómodas muñequeras son perfectas para los días de frío en que los guantes le sobran y quiere tener los dedos libres. Puede enrollarlas y meterlas dentro de una taza para hacer un regalo que invite al confort. ¿Dónde está el chocolate caliente?

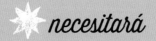

necesitará

50 g de lana

Agujas de 8 mm

Aguja para lona

Método

❶ Monte 21 puntos. Deje el cabo largo –de unos 20 cm– suelto; lo usará para coser la costura al final.

❷ Estas muñequeras están hechas con punto bobo, como la bufanda con broche (véase la p. 66), pero alternando cada punto. Así que haga punto del derecho, punto del revés, punto del derecho, punto del revés, y así sucesivamente en cada pasada. Como las pasadas tienen un número de puntos impar, no es necesario recordar con qué punto debe empezarlas para conseguir el efecto entrecruzado del punto bobo: siempre es un punto del derecho. Teja 32 pasadas y, a continuación, remate los puntos, dejando de nuevo una hebra de 25 cm.

❸ Debe tener un rectángulo que mida alrededor de 19 cm × 18 cm. Dóblelo por la mitad. Si dobla el largo de 18 cm por la mitad obtendrá una muñequera ligeramente más estrecha y ceñida que si dobla por el otro lado; usted elige la talla. A continuación, cosa las costuras con los extremos que reservó, de arriba abajo y de abajo arriba. A 6 cm de la parte superior, deje un espacio de 2 cm para el pulgar.

❹ Dele la vuelta al tubo, de modo que la costura quede en el interior.

❺ Repita los pasos del 1 al 4 para tejer la otra muñequera.

Bufanda para hombres

No sé a usted, pero a mí me resulta difícil saber qué regalarle a un hombre, así que cuando se me ocurrió que podía tejer para los hombres de mi vida, tuve una inspiración. Una bufanda, una funda para el móvil, una funda para el estuche de las gafas, una bufanda de otro color, etcétera.

Para una bufanda masculina, a mí me gusta el maravilloso cordoncillo.

necesitará

300 g de lana gruesa

Agujas de 9 mm

Monte 52 puntos. Como la bufanda de la p. 66, se trata de alternar dos puntos del derecho y dos puntos del revés en cada pasada. Pero para obtener el cordoncillo, debe empezar y acabar cada pasada con un punto diferente, así que debe tener el mismo número de puntos del derecho y del revés en cada una. Si necesita aumentar o reducir el número de puntos, el número tiene que ser par al hacer las mitades. Podría hacerlo con un número impar, pero entonces debe recordar si empieza la pasada con un punto del derecho o del revés cada vez. ¿Por qué complicarse? Así que del derecho, del derecho, del revés, del revés, hasta llegar a unos 108 cm.

Como cualquier regalo hecho a mano, esta bufanda es muy fácil de tejer, pero se necesita un poco más de tiempo. Así que planifique con antelación para no estresarse para terminarla a tiempo.

FUNDA PARA LIBRETA/LECTOR DE LIBROS ELECTRÓNICOS

Este regalo, práctico y elegante, también incluye un maravilloso consejo:
cómo tejer a rayas sin tener que cortar y anudar el hilo constantemente,
lo que resulta en cabos sueltos por todos lados.

Me encanta la sencillez de las rayas, pero lo que no me gusta tanto es perder el tiempo cortando y cambiando de lana, así que, por supuesto, tenía que encontrar la manera de evitarlo. Lo bueno de esta funda es que es para objetos pequeños, por lo que no tardará nada en tejerla.

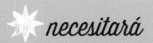 **necesitará**

2 ovillos de 50 g de lana gruesa,
cada una de un color

Agujas de 6 mm

Aguja para lona

Corchetes de presión de 17 mm

Método

❶ Mantenga los ovillos separados para evitar que se enreden, pero saque los dos extremos juntos como si fuesen un solo hilo. Haga un nudo suelto de ambos colores juntos en la aguja. Efectivamente, tiene dos nudos, pero imagínese que es uno solo.

❷ Monte 18 puntos con ambos colores (como si fuesen un solo hilo). Verá 36 nudos, pero sólo habrá dado 18 puntos.

❸ Teja el primer punto en la siguiente pasada con el hilo doble de dos colores. Esto subirá ambos colores a la siguiente pasada. Para obtener un bonito acabado, asegúrese de que ambos hilos queden ceñidos.

❹ Una vez tejido el primer punto doble, elija el color que quiera para la primera pasada y teja usando sólo el hilo del color elegido hasta terminarla. Teja la segunda con el hilo del mismo color. Al terminarla, teja el último punto usando ambos colores para llevar el segundo color (ahora redundante) hacia la siguiente pasada (la tercera). Como antes, continúe hasta el final con el hilo del color correspondiente. Teja la siguiente pasada del mismo color y, de nuevo, use ambos colores para hacer el primer punto de la siguiente pasada. Repita durante ocho pasadas para obtener una bonita banda de color. Si quiere una banda más delgada, teja sólo cuatro pasadas. Lo que debe recordar es que cada dos pasadas, debe tejer los dos colores a la vez en el primer y el último punto para ir cambiando de color cuando quiera. [...]

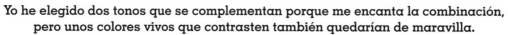

Yo he elegido dos tonos que se complementan porque me encanta la combinación, pero unos colores vivos que contrasten también quedarían de maravilla.

5 Después de dar ocho pasadas (o cuatro, si quiere las bandas de color más estrechas), cambie de color. Sea cual sea el color con el que está tejiendo, no olvide subir ambos colores por los lados, tejiendo, cada dos pasadas, el primer y el último punto dobles. No olvide tirar de esos puntos para que queden ajustados. Ese borde será ligeramente más grueso que el resto de la pieza, pero si tira bien de los dobles puntos no se notará.

6 Teja 112 pasadas. Cuando remate los puntos, utilice de nuevo ambos colores para hacer un punto doble. Si monta y cierra ambos colores, los extremos quedarán más gruesos, lo que dará a la pieza un acabado muy bonito.

7 Doble 15 cm desde la parte inferior (asegúrese de que el lado derecho queda dentro) y cosa los lados con lana. Entreteja los cabos sueltos en las costuras. Dele la vuelta a la funda.

8 Para cerrar la funda, puede atar un nudo con un cordel o bien usar los corchetes de presión. En mi opinión, el nudo es un poco más femenino y los corchetes más masculinos. Si decide hacer el nudo, hágalo con los dedos (véase la p. 77) con un cabo de ambos colores de 75 cm de largo. Deje los extremos largos –15 cm– para usar una aguja para lona para esconderlos dentro de la funda. Enhebre el cordel tejido con los dedos por el reverso de la funda, en el centro. Tire de los puntos para hacer un agujero y presione el extremo del cordel hasta atravesarlo. Vuelva a pasarlo por otro agujero a 0,5 cm. Asegúrese de que el nudo esté en medio del cordel y, a continuación, fíjelo con un nudo corredizo.

9 Si usa los corchetes de presión, cosa las partes inferiores en las esquinas de la solapa (véase la fotografía de la p. 71). Empareje las otras mitades en la funda y cósalas en su sitio.

CONSEJOS

La ventaja de tener una funda como esta para su lector de libros electrónicos es que también puede guardar el cargador en su interior, así que siempre lo tendrá a mano.

★ ★ ★

Si desea regalársela a alguien y no sabe si tiene un lector de libros electrónicos –o sabe que no lo tiene–, regálesela con una libreta y un bolígrafo dentro. Es perfecta para proteger un diario, un libro o unas fotografías dentro de un bolso con demasiados objetos.

FUNDA PARA TELÉFONO MÓVIL

Esta es una preciosa funda para móvil que puede colgarse del cuello, llevar alrededor de la muñeca o colgar de una correa o de una pinza. Una funda suave y agradable para no perder el móvil de vista.

También puede servir como tarjetero o para llevar dinero en efectivo, e incluso usarla de llavero (utilice un mosquetón para sujetar la anilla del llavero en la correa), para no tener que llevar ninguna otra bolsa cuando salga a pasear por la playa, vaya a correr (abróchese la funda a la ropa con un imperdible para evitar que se mueva todo el rato), salga a pasear el perro o tenga que hacer alguna otra salida rápida.

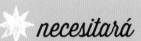

necesitará

50 g de lana gruesa

Agujas de 6 mm

Aguja para lona

Corchete (opcional)

Aguja e hilo (opcional)

Método

1 Monte 16 puntos. Haga 140 pasadas de punto del derecho. Debe terminar con un rectángulo que mida 8 cm × 135 cm. Remate los cabos sueltos (véanse las pp. 64-65).

2 Teja la correa montando 4 puntos; use la misma lana o una que contraste. Haga 280 pasadas de punto del derecho. Parecen muchas, pero es rapidísimo ya que son muy estrechas. Debe terminar con una correa larga de aproximadamente 1,5 cm × 110 cm. No es necesario rematar los cabos sueltos, ya que quedarán dentro de la funda.

3 Doble 12 cm del rectángulo. Pase un extremo de la correa por el agujero a 12 cm: formará los lados de la funda, haciendo una trayectoria circular por la parte superior para hacer la correa para colgar. Cosa el extremo de la tira en el punto donde está el pliegue y, a continuación, cosa los lados. Use lana para coser los extremos. Para esconder los cabos sueltos, átelos a la parte superior de la funda y entretéjalos por la costura. Una vez cosidas ambas partes, dele la vuelta a la funda para ponerla del derecho como si fuese tela cosida.

4 La solapa es lo bastante larga como para no necesitar ningún cierre, pero si lo desea, puede coserle un corchete con aguja e hilo.

 Esta funda es bonita, muy útil y fácil de hacer, ya que es para un objeto pequeño.

FUNDA PARA GAFAS

Esta bonita funda, suave y gruesa, protegerá sus gafas de rayadas,
y prácticamente no ocupará espacio cuando la lleve vacía
en el bolso o bolsillo, a diferencia de las fundas rígidas, prácticas
pero voluminosas.

Esta funda está hecha con mi punto preferido: el punto bobo. Me encanta el contraste de la lana suave y gruesa con el estilo industrial de la cremallera metálica.

Método

① El tejido extra grueso se consigue tejiendo dos hilos juntos de lana gruesa del mismo color. Es una buena manera de terminar restos de ovillos. Si no tiene dos ovillos del mismo color, divida una en dos.

② Monte 19 puntos con ambos hilos. Siga tejiendo con los dos hilos, alternando puntos: del derecho y del revés, del derecho y del revés, y así sucesivamente, hasta terminar la pasada. Repita en la siguiente pasada: del derecho y del revés, del derecho y del revés, etcétera. La razón por la que debe montar un número impar de puntos es para poder empezar cada pasada con un punto del derecho y no tener que recordar constantemente dónde se quedó. De este modo, obtendrá un patrón de puntos escalonados, para crear el tejido irregular.

③ Teja 17 pasadas y remate. Debe tener un cuadrado de 20 cm.

④ No se desanime con el siguiente paso: coser la cremallera. De verdad que es fácil. Doble el cuadrado por la mitad. Abra la cremallera y cosa a mano el extremo unido con el pliegue, para mantenerla en su sitio. Cosa a mano o a máquina un lado. Repita con la otra mitad. Mantenga la cremallera abierta.

⑤ Si ha cosido la cremallera a máquina, puede seguir y coser a máquina alrededor de los dos lados abiertos de la funda, por comodidad y rapidez. Si no, cosa las costuras con hilo o lana. Si usa la máquina, tenga cuidado de que la lana no se enganche en el pie al pasar.

⑥ Por el hueco de la cremallera, dele la vuelta a la funda, de modo que las costuras queden dentro. Asegúrese de que los extremos de la cremallera están bien fijados en el interior. Si no lo están, dé unos puntos más.

Puede regalar esta funda con la correa para gafas (véase la p. 77) y usar la correa para envolver el paquete.

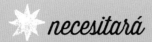

necesitará

50 g de lana gruesa, dividida
en 2 ovillos

Agujas de 8 mm

Cremallera de 10 cm, si es posible,
de metal, ya que combina a la
perfección con la lana

Aguja e hilo

Máquina de coser (opcional)

★ REGALOS ★

CÓMO TEJER CON LOS DEDOS

Es posible que aprendiera a tejer con los dedos en el colegio pero que haya olvidado la técnica por completo. Es lo que me pasó a mí hasta que mi hermana me recordó cómo se hacía. Cuando éramos pequeñas, lo hacíamos a todas horas. Es muy gratificante porque es una técnica fácil y rápida, perfecta para hacer correas y lazos.

Método

Haga una lazada a unos 20 cm del extremo. Pase el índice por dentro del nudo sobre la primera articulación, antes de la uña. Tire del hilo de modo que quede ceñido pero sin apretar. A continuación, tire del extremo del hilo hacia arriba por encima del dedo, más cerca de la uña, de modo que le queden dos lazos en el dedo. Pase el primero por encima del segundo y hágalo salir del dedo. Ajuste el nudo tirando y retorciendo la lana; verá lo que quiero decir cuando lo haga. Por esto tiene que dejar el extremo largo al principio: para agarrarlo y tensar el nudo al empezar. Repita hasta tener la longitud necesaria.

Correa para gafas

Con un poco de suerte, este sencillo proyecto acabará con la típica frase "¿dónde he metido las gafas?". Es muy fácil y rápido de hacer, y se trata de un pequeño obsequio para regalar en cualquier ocasión a alguien que sepa apreciarlo. No es más que un hilo tejido con los dedos para colgar en las patillas de las gafas, una versión de aquellas cadenitas que se pueden comprar en tiendas, que son útiles pero ni de lejos tan bonitas.

Así que teja a mano 85 cm de hilo. Use el hilo que más le guste –algodón, lana, hilo metálico, grueso, delgado–; todos quedan bien. Deje un espacio de 10 cm sin tejer en cada extremo para poder atarlos a las patillas de las gafas (sino abultaría demasiado). Estos 10 cm son más de los que necesita para atar la correa a las gafas, pero le permitirán hacerlo más fácilmente. Una vez fijada, sólo tendrá que cortar el sobrante.

Cordel para las llaves de casa

Teja a mano 85 cm de hilo, pero esta vez, ate los extremos. Regáleselo a alguien que siempre esté perdiendo las llaves.

 CONSEJO Si tiene que dejar de tejer antes de terminar el cordel, pase el nudo por un lápiz para que no se deshaga ni se enrede.

BOLSA DE REGALO

Con una máquina de coser, tardará lo mismo en hacer estas bolsas que en cortar un trozo de papel y envolver un paquete. De hecho, creo que si me retaran, podría hacerlas incluso más rápido. En fin, lo que quiero decir es que además de hacerse en un abrir y cerrar de ojos, son muy bonitas.

Para hacerlas, puede usar cualquier retal de tela barata. Como no necesita demasiada, también puede usar recortes de telas más caras, como la Liberty, sin gastarse una fortuna.

Método

Corte o rasgue dos cuadrados de tela (véase cómo se hace en la p. 81). Alinee los dos retazos y cósalos a máquina por tres lados. Si le gustan los bordes sin pulir, puede dejarlos fuera. Si desea un acabado más pulido, dele la vuelta a la bolsa de manera que queden en el interior. No olvide que tiene que coser con los lados derechos de la tela mirando en direcciones opuestas. De nuevo, puede dejar los bordes superiores tal cual o, si lo prefiere, terminarlos con un dobladillo. Átelos con una tira de tela o cinta. Para hacer una sencilla bolsa de cordón ajustable, haga un pequeño agujero en la costura superior y pase el lazo (véase la p. 104 para saber cómo pasar lazos) y, por último, ate los extremos. Hermosa.

La bolsa de lavanda más sencilla

Coja los retales de tela que tenga a mano; puede hacer ambos lados del mismo estampado o mezclar dos estampados, que también quedan muy bien. Corte dos cuadrados del mismo tamaño, doblando la tela por la mitad, con el lado derecho hacia fuera, o colocando las piezas de tela una encima de otra con los lados derechos hacia fuera. Corte la tela con tijeras dentadas para evitar que los bordes se deshilachen. Cosa tres lados con la máquina de coser. Llénela de lavanda y cosa la apertura. Tiempo de dedicación: un minuto (aproximadamente).

 Mucho más ecológico que el papel de regalo, que siempre acaba tirando. Estas bolsas pueden reutilizarse una y otra vez.

CONSEJO

Puede fijar una etiqueta en la bolsa que indique para quién y de quién es el regalo. Si lo estampa directamente en la tela también quedará bien.

BOLSA PARA BOTELLA

Regalar una botella de vino siempre es un acierto, pero puede ser un regalo un poco frío; por eso le propongo una manera de añadirle un toque personal: envolverla en una bolsa de tela.

Una botella mágnum es un regalo magnífico, pues es poco corriente y parece mucho más cara de lo que es, a menos que, por supuesto, compre un vino muy bueno. El precio es el mismo que el de dos botellas de vino (contiene la misma cantidad) pero es mucho más impresionante.

Método

❶ Coloque la base de la botella en la tela y úsela de patrón: dibuje y corte un círculo 4 cm más ancho que la botella. A continuación envuelva la botella con la tela y corte un rectángulo 5 cm más ancho y alto de lo que necesitaría para cubrirla.

❷ Doble el rectángulo a lo largo por la mitad para hacer un tubo, con el lado derecho hacia dentro, y cosa una costura lateral dejando un margen de 1 cm. Coloque el disco de tela en la base del tubo con el lado derecho mirando hacia dentro. Sujete el círculo y la base del tubo con alfileres. Realice pequeños cortes cada 3 cm en el perímetro de la base del tubo de tela de manera que se extienda y los bordes encajen. Seguramente, tendrá que recoger un poco de tela para que las dos piezas se ajusten; extiéndala para que no quede fruncida en un único punto. Cosa los lados dejando un margen de 1 cm en la costura.

❸ Puede hacer un dobladillo en la parte superior de la bolsa o dejarla sin acabar. Use un poco de cinta, cordel o tira de tela para hacer un lazo. También puede hacer un nudo de tela, como se explica a continuación.

Como alternativa, véase la técnica japonesa *furoshiki* para envolver botellas de las pp. 132-133.

Cómo hacer un nudo de tela

Corte un retazo de tela de aproximadamente el doble del ancho que quiera para el nudo. Dóblelo por la mitad con el lado derecho mirando hacia dentro y cosa a máquina una costura a 0,5 cm. Deje uno de los extremos cortos abierto. Para girar la tela use un hilo fuerte –el hilo para bordar es perfecto– y fíjelo firmemente con un par de puntos en el extremo del tubo que acaba de coser. Enhebre la aguja por dentro del tubo y hágala salir por el extremo abierto. Tire de ella con firmeza, asegurándose de que no se desenhebre, para hacer pasar el extremo cerrado de tela a través del tubo. Deberá usar la otra mano para agarrar suavemente la tela por el exterior y mantenerla en su sitio mientras arrastra el interior. Sáquelo empujando la tela exterior de las agujas a medida que tira. Cosa el extremo abierto para cerrarlo asegurándose de que los bordes quedan dentro.

✦ necesitará

Botella

Alrededor de ¼ m de tela
(o fieltro de lana para un envase más resistente que proteja la botella)

Tijeras de sastre

Hilo y máquina de coser

Imperdibles

Cinta, cordel o tira de tela para hacer el lazo

CONSEJO

Uno de mis consejos más útiles para trabajar la tela es el de rasgarla en lugar de cortarla para obtener bordes perfectamente rectos. Eso sí: sólo funciona en telas naturales; las sintéticas no se rasgan igual de bien. Use tijeras para hacer un corte de 2 cm donde quiera rasgar la tela para dividirla en dos. Además de hacer un corte recto, separar la tela de esta manera hace que los bordes queden suaves y deshilachados, ideales para manteles, servilletas o aquello a lo que quiera dar un efecto inacabado. Separe las fibras largas para crear un flequillo copetudo del ancho deseado. Desgarrar tiras delgadas de tela es una manera fácil y rápida de hacer sus propias cintas. Esta técnica es perfecta para telas delgadas, ya que puede hacer tiras tan estrechas como quiera.

COSTURERO MAGNÉTICO

Mantenga los accesorios de punto y costura fáciles de extraviar ordenados y en el mismo sitio. Con este costurero magnético lo tendrá todo a mano: agujas, tijeritas, imperdibles y alfileres, hilos y hasta una pequeña cinta métrica. ¡Ideal!

En mi casa tengo imanes con agujas y alfileres repartidos por todos lados. En el lateral de la lavadora tengo uno con una aguja enhebrada para arreglos de emergencia cuando hago la colada. También los tengo enganchados en la lámpara de metal al lado de la máquina de coser para no perder las agujas constantemente.

Método

❶ En primer lugar, use un cúter para hacer dos cortes paralelos, a 2 cm el uno del otro, en el centro del cuadrado de tela. La cinta deberá pasar a través de ellos, así que deben ser lo bastante anchos.

❷ Pase la cinta por los cortes de manera que los lados largos queden en el lado correcto de la tela (si lo hay) y tire hasta que los cortes queden a la mitad de la cinta.

❸ Ahora viene la parte ingeniosa: el imán. Con las tijeras, corte un cuadrado de 10 cm de la hoja magnética. Cubra el reverso de la hoja con cinta adhesiva de doble cara. Quite la parte trasera y centre el imán en el reverso de la tela, por encima de la tira estrecha de cinta, para fijarla en su sitio y evitar que se despegue.

❹ Esparza agujas, imperdibles y todo lo que quiera incluir en su kit de costura por la hoja magnética. Doble la tela por la mitad para hacer un paquetito. Haga un lazo con la cinta para fijarlo. Si los extremos son demasiado largos, recórtelos a medida doblando el lazo por la mitad a lo largo y cortando a un ángulo de 45 grados con las cuchillas. Apunte hacia el extremo del lazo para obtener un acabado profesional.

Este proyecto es un regalo estupendo, fácil y rápido de hacer ideal para cualquier persona que cosa o haga punto.

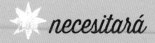

necesitará

Cúter

Cinta métrica

Cuadrado de 30 cm de tela, cortado con tijeras dentadas para que no se deshilache

1 m de cinta

1 hoja magnética tamaño A4

Cinta adhesiva de doble cara

 CONSEJO Si no tiene una superficie donde cortar, guarde los envases de poliestireno y úselos como base para cortar con un cúter; éste se hundirá en él sin dañar ninguna superficie.

LIBRETA FORRADA

Me encantan las libretas. Siempre tengo una a mano: en el bolso, al lado de la cama, en el coche, en el escritorio. Si no anoto enseguida algo de lo que deba acordarme, seguro que lo olvido. Así que, personalmente lo anoto todo: ideas creativas, listas de cosas que hacer, fechas o lugares que debo recordar, recomendaciones... todo.

Si son para mí, suelo comprar las más baratas, pues no me duran nada. Sin embargo, también me gusta regalarlas, y entonces las baratas no me sirven. Aunque parecen un detalle sencillo, las libretas bonitas pueden costar verdaderas fortunas y, como descubrí al regalarle una a mi madre, es posible que el destinatario ni siquiera la use para no "desperdiciarla". Así que mi sugerencia es forrar las libretas baratas con retales de piel o tela.

Método

① Un lazo largo que dé una o dos vueltas a la libreta queda muy bien. Puede hacerlo de piel o, si no tiene suficiente, puede usar una tela o cinta que contraste (pero entonces deberá hacer un dobladillo en los extremos para que no se deshilachen). La ventaja de usar la piel para hacer el lazo es que sólo tiene que cortarla porque no se deshilacha. Si usa tela, véase la p. 80 para saber cómo hacer el lazo.

② Extienda la tela con el lado derecho boca abajo en una superficie donde pueda cortar. Ponga la libreta encima. Marque dónde irá el lomo. Con un cúter, haga dos pequeños cortes en la tela, uno al lado del otro, justo donde irá el lazo. Pase la tira de tela o piel por los cortes, procurando que quede centrada.

③ Forre la cubierta exterior de la libreta con cinta adhesiva de doble cara. Quite el protector de la cinta y, empezando por el lomo, colóquela en la tela o piel. Recorte la tela o la piel para que quede a la medida de la libreta. No tema que los extremos de tela se deshilachen, pues la cinta lo evitará.

④ Para darle un toque personal, imprima fotografías en papel normal (no fotográfico). Reajuste el tamaño de manera que cubran por completo las cubiertas, por dentro o por fuera. La manera más fácil de pegarlas es haciendo presión contra el lomo y a continuación aplicar cinta adhesiva de doble cara por los otros tres lados o por el interior de la cubierta donde quiera pegar la fotografía. Vaya retirando la capa protectora de la cinta adhesiva y presionando la fotografía para que se pegue a la cinta. Añada tantas fotografías como desee.

⑤ Si quiere, puede hacer una funda de tela. Corte dos retazos lo bastante grandes para cubrir la libreta, teniendo en cuenta la profundidad y el margen para la costura, y cosa tres lados.

⑥ Escriba o estampe un mensaje dentro o fuera de la cubierta anterior.

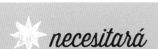

necesitará

Libreta barata, del tamaño
que quiera

Retales de tela o piel para forrar
las cubiertas y el lomo (más una
tira de tela para atar
la libreta)

Cúter

Cinta adhesiva de doble cara

Fotografías (opcional)

 Para hacer una funda personalizada, véase el diario de Acción de Gracias de la p. 135. Aprenderá a transferir una foto en tela en pocos segundos.

★ ★ ★
MONEDERO DE TELA

Me chiflan los monederitos con cremallera, tan hermosos y útiles. Llevo varios en el bolso para monedas, tiques de compra, la cámara o el maquillaje. Es mucho más fácil encontrar algo en un monedero pequeño que en las profundidades de un bolso. Después de darle muchas vueltas, finalmente di con este método casi de papiroflexia para hacer un fabuloso monedero.

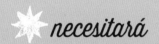

necesitará

4 rectángulos de tela de 16 cm × 14 cm. Use cualquier tela, mezcle y combine

Máquina de coser, hilo y alfileres

Tijeras de sastre

Cremallera de 12 cm

Cinta de 1 cm de ancho (opcional)

Borla para la cremallera

Haga pasar el hilo entre 20 y 30 veces por el agujero del extremo de la cremallera, para crear un círculo de entre 2 y 3 cm. Pase más hilo alrededor de la parte superior, justo debajo del agujero de la cremallera por la que ha pasado el hilo para hacer una bola. Átela firmemente varias veces. Corte por el extremo circular del hilo y ya tiene la borla.

Método

1 Coloque dos piezas de tela alineadas con los lados derechos mirando hacia dentro. Si quiere el interior y el exterior del monedero con telas que contrasten, use dos rectángulos de cada tela. Asegúrese de que las piezas del mismo motivo queden juntas, de modo que cuando las coloque una encima de otra queden emparejadas. Así, cuando lo ponga del derecho, el forro será de una tela y el exterior de otra. ¡Magnífico! Los lados más largos serán las partes superior e inferior del monedero. Haga un dobladillo de 1 cm a lo largo de los bordes superiores (véase la p. sig., imagen superior izquierda). Sujétela con alfileres o plánchela para fijarla.

2 Repita con los otros dos rectángulos de tela.

3 A continuación, coloque una pareja de rectángulos encima de la otra. Asegúrese de que los bordes superiores estén perfectamente alineados.

4 Cosa las cuatro piezas por tres lados –deje el lado superior abierto– dejando un margen de 1 cm para el dobladillo. Una vez cosidos los lados, corte las puntas de las dos esquinas inferiores. Esto hará que las esquinas queden puntiagudas por fuera cuando lo ponga del derecho.

5 Ahora toca hacer papiroflexia. Mantenga tres piezas de tela juntas y deles la vuelta de modo que los lados derechos queden fuera, dejando una pieza aparte. Ahora sepárelas para tener dos y dos, y vuelva a darles la vuelta. ¡Magia! Un monedero forrado, con un espacio para meter la cremallera. Si quiere intercambiar el forro y la tela exterior, dele la vuelta al monedero.

6 Pase la tela de la cremallera por el forro, sujétela con alfileres y cósala a máquina. Deje un margen de 1 cm en cada extremo de la cremallera. Coja cinta de 1 cm de ancho o un poco de tela (doblada de manera que los bordes queden debajo) y colóquela tapando cada extremo de la cremallera y metiendo los bordes por el hueco donde metió la cremallera. Cosa a mano el resto del forro con la parte exterior, fijando bien la cinta o tela. Con ello cubrirá los extremos de la cremallera y los huecos en cada extremo y obtendrá un acabado perfecto.

BOLSO REVERSIBLE CON ASAS DE CINTA

Estos bolsos se hacen con la misma técnica que los monederos de tela con cremallera (véase la p. 84), pero de hecho son incluso más sencillos, pues no debe coser ninguna cremallera. Son bonitos y muy útiles, y uno de mis regalos favoritos. Además, son muy fáciles de hacer.

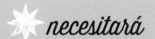

necesitará

4 rectángulos de tela (use dos telas distintas y recorte 2 de cada) que midan 40 cm × 50 cm. Estas medidas son orientativas. He hecho muchos bolsos de este tipo y las medidas nunca son exactas. Así que, corte la tela a la medida que desee

Máquina de coser, hilo y alfileres

2,5 m de cinta, del acabado y el ancho que más le guste

Tijeras de sastre

CONSEJO

No lo olvide: al levantar el pie de la máquina de coser para girar la tela asegúrese de que la aguja de la máquina esté bajada y fija en la tela para que no se mueva.

Método

❶ Igual que con el monedero, debe colocar los recuadros de tela uno encima de otro en dos montoncitos, cada uno con la tela correspondiente y con los lados derechos mirando hacia dentro (véanse los pasos 1-3 de la p. 84).
Doble 1 cm en la parte superior, doblando cada pareja hacia fuera y fije con alfileres. Ya tiene el espacio por el que pasarán las asas de cinta.

❷ Cosa tres lados con un punto corto para que sea más resistente. Deje la parte superior con los dobladillos abierta.

❸ Ponga el bolso del derecho. Deberá hacerlo dos veces; la primera dejará tres capas de tela juntas y la segunda, dos y dos (véase el paso 5 de la p. 84).
Si prefiere que la tela que ha quedado fuera quede dentro, gírelo de nuevo.

❹ Ahora debe hacer las asas. Corte la cinta por la mitad. Los extremos inacabados de cada mitad irán en el forro del bolso, cada extremo del mismo tamaño en el mismo lado del bolso. Sujete con alfileres y cosa alrededor de la parte superior, fijando las tiras en su sitio a medida que avanza. Como antes, use punto corto: es más resistente. Una vez cosido todo el contorno superior del bolso, vuelva a coser allí donde la cinta está fijada con el forro para mayor resistencia. Un rectángulo con una cruz es la forma más tradicional de hacerlo. Es un acabado profesional y lo único que tiene que hacer es punto del derecho y del revés. Muy sencillo.

Este bolso es reversible. Dele la vuelta según el estampado que quiera que quede en el interior o el exterior.

PULSERA CON DIJE

Este método permite hacer una pulsera muy fácilmente, a la que puede añadir lo que quiera —una alhaja grabada, un dije, un símbolo religioso—, que puede quitar con facilidad, sin tener que añadir ningún cierre. Un estilo sencillo para el día a día.

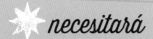 necesitará

Dije o baratija, lo que quiera lucir

35 cm de cordel de algodón encerado de 1 mm o de piel. Es muy barato y, como es habitual, para mí es más cómodo comprarlo por internet, aunque lo encontrará en mercerías o tiendas de manualidades

CONSEJO

Los dijes son un regalo perfecto para cualquier ocasión: el trébol de cuatro hojas de la buena suerte, un monumento emblemático en miniatura de recuerdo de un viaje especial, una cigüeña para una mujer embarazada, una máquina de escribir antigua para un nuevo trabajo, etcétera. Las tiendas online tienen gran variedad de dijes de plata a buen precio. Si desea hacer grabados o estampados, Etsy es un buen sitio para encontrar quien se lo haga. Puede pedir que le graben la inicial, una cita o una fecha. Solos o amontonados, los dijes quedan muy bonitos en este tipo de pulseras tan elegantes.

Método

1 Fije el dije al cordel con un nudo flojo. Todavía no debe tensarlo porque quizás desea moverlo cuando termine la pulsera para que quede centrado. Haga un círculo grande con el cordel, de manera que el extremo de la izquierda, que da la vuelta hacia la derecha, pase por encima del círculo.

2 Pellizque el punto de encuentro entre sus dedos índice y pulgar izquierdos, y pase el extremo derecho por el círculo tres veces, de modo que tenga tres círculos más pequeños que den la vuelta alrededor del grande.

3 Pase el mismo extremo por los tres círculos más pequeños de izquierda a derecha y tire para formar un nudo con tres vueltas.

4 Dele la vuelta a la pulsera de modo que el extremo sin anudar quede a la derecha, y repita los pasos dos y tres. Ahora, al tirar de los extremos, la pulsera se tensará y al estirar el círculo, la agrandará. En este punto, no se preocupe por el tamaño. Probablemente tendrá unos extremos muy largos, con lo que hacer nudos le resultará más fácil.

5 Para hacer la pulsera del tamaño deseado, afloje los nudos triples y vuelva a tensarlos para dejar un trozo más corto de exceso de cordel. Hágalo tantas veces como sea necesario hasta obtener el tamaño deseado, es decir, hasta que le pase por la mano fácilmente sin que sobre demasiado cordel al tensarla.

6 Cuando tenga la medida justa, termine los extremos haciendo un único nudo en cada uno, a 2 mm del nudo doble. (Si ha usado piel, no hace falta, pues no se deshilachará). Corte el exceso de cordel.

Si quiere ajustar la posición del dije, sólo debe aflojar el nudo corredizo y volver a tensarlo.

Haga una bolsita de regalo (véase la p. 79) para meter la pulsera.

TARJETERO DE PIEL

Las carteras con suficiente espacio para meter monedas y tarjetas son tan grandes que parecen bolsos. Mi solución: guardar monedas y tarjetas en pequeñas carteras separadas que, para mí, son mucho más prácticas y ocupan menos espacio dentro del bolso.

Estos pequeños tarjeteros de piel son magníficos y hacerlos sólo lleva unos minutos. No bromeo: ¡diez minutos como máximo! No son prácticos para monedas, pero son perfectos para las tarjetas.

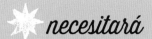 necesitará

Plantilla (véase la p. 155)
y tijeras para cortar papel

Retazo de piel de 20 cm × 22 cm
y un poquito más para la lazada,
de por lo menos 45 cm × 0,5 cm,
o más larga si quiere que dé dos
vueltas. Puede comprar retales
en peleterías o mercados,
pero la ropa de las tiendas
de segunda mano es un
magnífico recurso

Tijeras de sastre

Cúter

Pegamento blanco u otro
pegamento para piel

Método

❶ Recorte o copie y recorte la plantilla del tarjetero de la p. 155. Extiéndala encima del retazo de piel y corte alrededor. La forma más fácil de que la plantilla no se mueva es sujetando el papel y la piel con unos clips.

❷ Marque dos líneas en la piel como se muestra en la plantilla y a continuación córtelas con un cúter para hacer dos pequeñas incisiones. Por ellas pasará la tira de piel.

❸ Doble la solapa inferior del tarjetero y luego doble las dos solapas laterales en forma de sobre. Extienda pegamento en la parte inferior de las solapas laterales, donde se sobrepondrán a la solapa inferior, y fíjelas en su sitio. Presione las piezas firmemente con el pulgar y el índice. Asegúrese de repartir bien el pegamento hasta los extremos. Si sobresale por los lados, use algo como una aguja o un cuchillo para retirar el exceso, con cuidado para no dejar marcas.

❹ Corte una tira larga de piel para hacer el lazo, de 45 cm o 65 cm × 0,5 cm, según quiera que dé una o dos vueltas alrededor del tarjetero. No se preocupe si no queda exacta. Hágalo a ojo, pero corte con cuidado para mantener las líneas lo más rectas posible.

❺ Una vez el pegamento se seque, pase la tira por las incisiones del anverso del tarjetero. Doble la solapa superior, pase la tira de piel alrededor y haga un lazo. A mí me gusta mezclar colores o elegir pieles metálicas, que son muy elegantes.

Pegue
estas
preciosas
mariposas
de hojalata en
una tarjeta
para hacer
una felicitación
de lo más
extravagante.

PROTECTOR LABIAL DE MENTA Y LIMA

Un protector labial casero es un regalo perfecto para un amigo o ideal como detalle de agradecimiento. Es sorprendentemente fácil de hacer y una vez aprenda, no querrá volver a comprar carísimo protector labial.

Este protector labial tiene un aroma y un sabor deliciosos. A diferencia de la mayoría de productos labiales, este es comestible, pues está hecho con ingredientes naturales. También es estupendo para hidratar cutículas, las manos secas o incluso la tez. Un verdadero todo en uno ideal para llevar a cualquier parte.

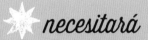 **necesitará**

(Para un frasco pequeño
de protector labial)

1 cucharada colmada de manteca
de karité

1 cucharada colmada de aceite
de coco sólido

4 gotas de aceite esencial de menta

8 gotas de aceite esencial de lima

Envase adecuado (véase a la derecha)

Estropajo, pintura (y pinceles
pequeños) o pintura en espray

Método

❶ Ponga la manteca de karité y el aceite de coco en un bol limpio resistente al calor y métalo dentro de una olla con agua hirviendo. Cuando estén medio derretidos, retire el bol del calor y remueva bien para deshacer cualquier resto sólido. Añada los aceites esenciales y mezcle.

❷ Vierta la mezcla en un envase limpio pequeño. Los frascos de mermelada en miniatura –los que tienen en hoteles y restaurantes– son perfectos. (De hecho, estos pequeños frascos siempre van bien. Son ideales para decantar pequeñas cantidades de productos para viajar, así que consérvelos siempre que pueda).

❸ Si usa un frasco reciclado, lije la pintura de la tapa o píntela con espray. Yo lijé esta tapa con un estropajo y luego la decoré con pequeñas mariposas que recorté de una lata de bebida con una perforadora en forma de mariposa, pegadas con pegamento extra fuerte. Si decora la tapa de esta manera, haga un pequeño estuche para guardar el frasco y proteger las mariposas.

NOTA: Este protector labial se conservará sólido en el frasco a temperaturas de hasta 23 ºC. A temperaturas superiores, consérvelo en el frigorífico durante la noche.

CONSEJO El metal de las latas de refrescos es magnífico para usos decorativos ya que puede cortarse o estamparse fácilmente. Recorte la parte superior e inferior de la lata con unas tijeras y corte el lateral del tubo de metal.

ACEITE DE BAÑO DE ROSAS Y MANDARINA

Este aceite es ideal para usar a diario. Viértalo directamente en la bañera y dese un masaje corporal antes del baño para absorberlo o bien después de la ducha. La combinación de rosas y mandarina es maravillosa y tiene una fragancia suave y delicada.

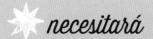

necesitará

200 ml de aceite de almendra

10 ml de aceite esencial de rosas

(Alternativa: aceites esenciales de pomelo y nerolí)

Dosificador o botella

Tela (opcional) para forrar el dosificador

Poliestireno (opcional) para estampar

Pintura para tela o al temple (opcional)

CONSEJO

Este aceite también es estupendo para el rostro. Aplíquelo con un suave masaje y retírelo con un paño de muselina húmedo. Quita todo tipo de maquillaje, incluso el rímel resistente al agua.

Método

1 Mezcle los aceites esenciales con el de almendra y decante la mezcla en un dosificador o botella. (Véase la p. 47 para saber dónde obtener dosificadores).

2 Si recicla un dosificador o una botella y desea forrarlo de tela, ¿por qué no elije una tela lisa y la pinta a mano con un sello con motivos de la India o un estampado de cachemir? Puede hacer un sello rudimentario con un trozo de poliestireno; las bases redondas que vienen con las pizzas precocinadas son perfectas para ello. Sólo tiene que dibujar el contorno de la forma del estampado de cachemir en el poliestireno. Con la punta del lápiz, haga un patrón punteado dentro de la forma de lágrima. Recorte por el contorno. A continuación estampe con la pintura para tela. Como alternativa, también puede usar pintura al temple. Es la que yo usé para el dosificador de la p. 46. Funciona igual que la pintura para tela. Deje que se seque y fíjela cubriendo con un trapo y pasando una plancha muy caliente por encima (sin que salga vapor).

3 Véase la p. 47 para saber cómo forrar el dosificador con tela.

{ CONSEJO ¡También fija la laca de uñas! Tras pintarse las uñas (y dos minutos después de dar una última capa de laca de secado rápido), rocíese aceite por las uñas. Después de dos minutos obtendrá un acabado duradero. }

Exfoliante corporal de coco y azúcar

Mezcle la misma cantidad de coco deshidratado y azúcar moreno para obtener un exfoliante corporal al instante. Es fácil y rápido de mezclar, y además de tonificarle la piel, la deja suave y limpia. Úselo durante el baño o la ducha. Bienvenido al paraíso.

CÓMO DERRETIR CHOCOLATE

Saber derretir el chocolate para que conserve su estado original al endurecer es un truco muy útil que debe conocer, pues le permite derretir tabletas de chocolate para darles nuevas formas y convertirlas en todo tipo de regalos.

Método

Lo importante es derretir el chocolate a la temperatura más baja posible. Así nunca pasa de estar templado, por lo que no pierde sus propiedades. Cuando se solidifique de nuevo, quedará igual de brillante y consistente que antes de empezar a jugar con él. Si ha derretido chocolate otras veces y no ha conseguido la consistencia deseada, es porque durante el proceso de fusión lo ha calentado demasiado.

La manera más fácil de derretir chocolate es en el microondas. Primero debe trocear la tableta en pequeños cuadraditos y reservar unos cuantos. Con un cuchillo, ralle los trozos reservados hasta reducirlos a virutas. Caliente los trocitos de chocolate en el microondas en tandas de 30 segundos. Entre una tanda y otra, remuévalo con fuerza con una espátula, procurando que se derrita la mayor cantidad de chocolate posible cada vez. Puede que le duela el brazo, pero merece la pena hacerlo bien. No caiga en la tentación de dejar que el microondas haga todo el trabajo. Una vez derretido, añada las virutas y remueva hasta que se derritan. Con este truco se asegurará de que el chocolate adquiere la textura deseada (véase la explicación técnica a continuación). Si no tiene microondas, caliente el chocolate a fuego muy lento al baño María. En este caso, el chocolate tampoco debe calentarse demasiado. Retírelo del fuego y remueva enérgicamente tan pronto empiece a derretirse. Vuelva a meterlo en el fuego de manera puntual y sólo si es necesario. De nuevo, añada la ralladura de chocolate al final, sin volver a meterlo en el fuego. Recuerde: la clave es derretir el chocolate sin que se caliente demasiado.

¿Qué significa templar?

Cuando hablamos de templar nos referimos básicamente a la estructura del chocolate. El chocolate tiene una composición cristalina, que le confiere su acabado suave y brillante, y es el motivo por el que se rompe de la manera en que lo hace. Si se pierde esta estructura, cambian sus propiedades y el chocolate adquiere un aspecto apagado, y en lugar de romperse, se tuerce. Derretir el chocolate de forma adecuada es una operación técnica que requiere calentarlo y enfriarlo a temperaturas específicas. El proceso hace que los cristales recuperen su alineación original. Este sencillo método evita que la temperatura suba demasiado y la ralladura que se añade al final "recuerda" al chocolate derretido su forma original, de modo que, como si de ovejas se tratara, aquellos cristales "descarriados" corrigen su posición.

CACAHUETES, SEMILLAS DE CALABAZA Y PASAS DE CHOCOLATE

Estos dulces, deliciosos y adictivos, son el regalo perfecto. Son tan rápidos y sencillos de elaborar, que serán su as en la manga cuando de repente deba tener un detalle con alguien, porque sólo necesita unos cuantos básicos de despensa. A mí me encanta la combinación de cacahuetes, semillas de calabaza y pasas, pero puede usar cualquier mezcla de frutos secos, semillas o fruta deshidratada que tenga a mano.

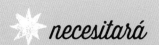

Tableta de 150 g de chocolate de calidad (con leche, negro, blanco, el que más le guste) en trocitos

150 g de cacahuetes tostados

75 g de semillas de calabaza

75 g de pasas

Frascos

Rotuladora (opcional)

Etiquetas y cinta (para decorar el frasco)

Método

1 Derrita el chocolate (véase la página anterior). Vierta los frutos secos y las pasas, y remueva con una espátula de silicona hasta recubrir los ingredientes secos.

2 Vierta la mezcla en una hoja de papel de horno antiadherente y extiéndala formando una capa lo más fina posible. Déjela reposar.

3 Coja un frasco limpio y seco. Si quiere reutilizar un frasco viejo, puede adornar la tapa con tela. Cubra la tapa con cinta adhesiva de doble cara y recorte el sobrante. Fije una pieza de tela por encima y recorte de manera que cuelgue tanto como desee. Si tiene una rotuladora, imprima una etiqueta –donde se lea una felicitación o los contenidos del frasco– y péguela al vidrio. Si no dispone de rotuladora, puede colgar una etiqueta en el frasco con una cinta o un cordel, que también queda fenomenal.

4 Cuando el chocolate se haya enfriado, rompa los frutos secos levantando el papel y agrietando la capa de frutos secos por debajo, para evitar que el calor de sus manos derrita el chocolate. Métalos en el frasco. Naturalmente, la cantidad es muy superior a la que cabe en un frasco, a menos que sea enorme. Pero le apetece picar un poco, ¿no es así?

 CONSEJO Mezcle siempre con espátulas de silicona. Son ideales para rebañar el bol, no se desperdicia ni un gramo de mezcla y son fáciles de lavar. ¡Todo son ventajas!

IRRESISTIBLES CRUJIENTES DE CHOCOLATE

Estos crujientes son sorprendentemente fáciles de hacer, y su sabor contradice su simplicidad. Son mi capricho favorito. Dicho esto, pasaron varios días y muchas frustraciones antes de que consiguiera esta versión, por lo que le recomiendo seguir la receta al pie de la letra.

Soy tan fan de los poderes del bicarbonato de sodio que no podía escribir un libro que no los incluyera de una u otra manera. Y, francamente, ¿hay opción más seductora que usarlo para crear uno de los dulces más deliciosos de todos los tiempos? Crujiente, crocante, caramelo de chocolate… Lo llame como lo llame, no podrá resistirse a sus encantos.

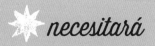 necesitará

200 g de azúcar glas

60 g de mantequilla sin sal

60 ml de sirope de pita
(claro u oscuro)

2 cucharaditas de bicarbonato de sodio (mídalas y resérvelas antes de empezar a cocinar, para tenerlas preparadas cuando las necesite)

250 g de chocolate

Método

De acuerdo, antes de empezar debo decirle algo. Sé que el sirope de pita (también denominado néctar de pita) suena sofisticado, pero habiendo usado las alternativas habituales (miel y jarabe de caña de azúcar) le aseguro que, de lejos, es la mejor opción. Endulza sin empalagar. No debería tener problemas para encontrarlo en supermercados o por internet. Si le cuesta encontrarlo, el sirope de arce es la mejor alternativa. ¿Y la mantequilla? Lo sé, no es habitual en las recetas de crujientes, pero consigue que se derrita en la boca y evita que se pegue en los dientes, cosa que pasa con otras versiones.

① Cubra una bandeja de horno con papel antiadherente y resérvela. Vierta el azúcar, la mantequilla y el sirope de pita en una sartén grande a fuego vivo. La razón por la que conviene usar una sartén es que los ingredientes queden lo más extendidos posible, de modo que se derritan uniformemente sin quemarse por la base.

② Durante tres minutos, no remueva la mezcla. Si se está quemando alguna zona en los bordes, agite la sartén o remueva muy suavemente. Pasados tres minutos, use una espátula de silicona para mezclarlo todo y repartir el calor.

③ Deje pasar otro minuto o espere hasta que se haya derretido todo el azúcar, la mezcla quede translúcida y ligeramente dorada, y aparezcan burbujitas en la superficie. No deje que se queme. Esto es importante porque al añadir el bicarbonato de sodio, el azúcar se dora todavía más, así que la línea entre dorado a la perfección y pasado es muy fina. Tan pronto como consiga el punto óptimo de fusión, retire la sartén del fuego. Esparza el bicarbonato por encima y bátalo enérgicamente con una batidora de varillas.

④ Vierta la mezcla espumosa en la bandeja y déjela reposar. A medida que se enfríe, debería seguir subiendo. Déjela enfriar por completo y trocéela.

⑤ Ahora derrita el chocolate (véase la p. 96 para saber cómo). Bañe las piezas de crujiente en el chocolate y colóquelas en una hoja de papel antiadherente hasta que endurezcan. Cuando el chocolate se haya solidificado, métalos en un frasco para regalar. No se preocupe; con esta receta le saldrán muchos crujientes, así que podrá disfrutar de las deliciosas sobras…

 Trocee el crujiente, añádale helado de vainilla y disfrute de un delicioso pudin.

★★★
BANDEJA "DESAYUNO EN LA CAMA"

Las bandejas de madera que se usan en los mercados son estupendas para servir desayunos en la cama. Las ocasiones para regalar esta bandeja tan atractiva son prácticamente infinitas, porque ¿a quién no le gusta desayunar en la cama?

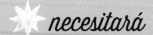 **necesitará**

Una vieja caja de patatas

Papel de lija de rugosidad media

Pintura, preferiblemente al temple

Rodillo y pincel pequeño

Etiqueta y bolígrafo o pinturas y pincel

Cinta o cordel

Ideas para regalar

Si la hace para regalarla a alguien, puede llenarla de varios (o muchos, según lo generoso que se sienta) objetos de época, como por ejemplo un par de platos, unas tazas de té, un pequeño jarrón, una tetera y una jarra.

No deje de buscar objetos bonitos y baratos para hacer regalos. Siempre que esté en un mercadillo, una tienda de objetos de segunda mano o buscando por internet, fíjese en lo que le gusta y cómprelo para tenerlo cuando pueda necesitarlo.

Método

1 Como en la caja se han almacenado patatas, es posible que haya estado en un lugar húmedo y esté bastante sucia, así que lo primero que debe hacer es dejarla de pie durante un par de días para que se seque. Una vez seca, frótela bien con el papel de lija para quitarle toda la porquería y que quede suave.
Si tiene una lija eléctrica, lo hará en un abrir y cerrar de ojos. Si no, hacerlo a mano puede ser una tarea ardua. Envuelva un corcho con papel de lija para trabajos difíciles. Le facilitará mucho la vida. Aspire el polvo para dejar la caja lista para pintar.

2 Como es habitual, pintar con rodillo, además de ser más fácil y rápido, ofrece un mejor acabado. De todos modos, también necesitará un pincel para los rincones a los que es difícil llegar. Levante la bandeja de la superficie en la que trabaja con pequeñas cuñas o ladrillos para que no quede pegada. Deje que se seque por completo.

3 Imprima o escriba el mensaje que más le guste en la etiqueta, y sujétela en la bandeja con la cinta o el cordel.

Si es usted quien sirve el desayuno, recuerde...

No llene las tazas y los tazones como hace habitualmente y olvídese de los vasos largos. No es cuestión de tener que cambiar la ropa de cama cuando termine el desayuno. Como la base de la bandeja es de listones, coloque una tela bonita dentro de la bandeja para recoger las migas.

(Tenga en cuenta que lo mejor de esta bandeja es el tamaño. Por desgracia, las escaleras y las puertas no están diseñadas para sus majestuosas proporciones –a menos que viva en un palacete–, así que gírela 90 grados antes de llevarla).

Cuando no la use para ocasiones románticas, esta bandeja de gran tamaño queda fenomenal encima de una mesa de café tapizada (como la mesa de palé de la p. 25). También puede apoyarla en la pared de la cocina para tenerla a mano para las cenas viendo la tele o los almuerzos en el jardín.

{ No hay nada como un buen desayuno en la cama, ¿verdad?

GUANTES CON ANILLO DE COMPROMISO

Estos guantes son un detalle dulce y extravagante para una amiga que acabe de comprometerse. Por supuesto, en estos casos, no es absolutamente necesario hacer un regalo, pero cuando una amiga mía se comprometió en invierno, me dio que pensar. Cuando tenemos buenas noticias, sin duda queremos compartirlas, ¿no es así?

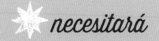

necesitará

Un par de guantes; aunque sean viejos, servirán

Aguja de coser e hilo dorado o plateado

Piedra de cristal para coser: puede comprarla, pero seguro que encuentra en ropa o joyas de bisutería viejas. Yo seleccioné unos cuantos diamantes de imitación de un jersey que ya no me ponía

Todavía recuerdo los saltos de alegría que daba cada vez que veía las estrellitas resplandecientes de mi nuevo anillo en el dedo. Así que pensé que unos guantes que no ocultaran la gran noticia serían divertidos.

Son muy fáciles de hacer, porque no sugiero que los cosa usted (en cuyo caso, quizás los acabaría justo a tiempo para el primer aniversario de bodas).

Método

En primer lugar, haga un punto corrido alrededor del dedo del guante que marque la posición del anillo. A continuación, haga un sobrehilado de 1 mm de ancho que quede ajustado. Una vez terminada la franja brillante, coloque la piedra de cristal y cósala en su sitio. Póngase los guantes –para comprobar cómo queda, por supuesto–, admire su trabajo, disfrútelo y… ¡entréguelo!

 Ofrézcase a actualizar los guantes después de la boda, quitando la piedra y convirtiendo la franja en una alianza.

MANTA DE PICNIC PERSONALIZADA

Junto con el chocolate, las mantas son una de aquellas cosas a las que no puedo resistirme. Lo que tienen en común ambas es que son reconfortantes. Tengo muchas mantas –dobladas y colgando de los respaldos y brazos de los sofás, en los pies de las camas–, siempre a mano para estar calentitos. Esta preciosa manta de picnic es el regalo perfecto para usar tanto en interiores como en el exterior. Es ideal para comer al aire libre un caluroso día de verano o para acurrucarse durante las frías noches de invierno.

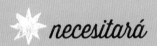

necesitará

Manta; personalmente, prefiero las mantas viejas, *vintage* (que es una forma más elegante de decir de segunda mano). ¿Por qué? Porque puede conseguir verdaderas gangas. Mi consejo: las mejores mantas antiguas que encontrará son las militares. Son gruesas y lo bastante resistentes para mantener a los soldados abrigados en los lugares más inhóspitos. Estas mantas producidas en masa son de lana gruesa, casi de fieltro, de grandes dimensiones

Tela para personalizar la manta

Plantillas de letras (véase derecha)

Alfileres

Tijeras de sastre

Aguja de coser e hilo

Método

❶ Uno de los inconvenientes de comprar viejas mantas es que es posible que hayan sido guardadas en bolas de naftalina. Si es así, deberá eliminar el olor. La manera más eficaz consiste en meter la manta en el ciclo de lana de la lavadora, añadiendo una taza de cristales de sosa, un par de cucharaditas de bicarbonato de sosa en el cajón del detergente y vinagre blanco en el compartimento del suavizante. El bicarbonato es genial para quitar los malos olores y el vinagre es un magnífico suavizante natural. Airee la manta. Es posible que deba repetir la operación.

❷ Para personalizarla, recorte letras en una tela bonita, para deletrear un nombre o el apellido familiar, o dos iniciales si es para unos recién casados. La manera más fácil de hacer plantillas de letras es buscando por internet un diseño que le guste, ampliarlo al tamaño deseado, imprimirlo y recortarlo. Sujételo a la tela con alfileres y recorte. El único inconveniente de coser una manta de lana gruesa es que debe hacerlo a mano porque cuesta hacerlo con la máquina de coser. Con suerte, el nombre del receptor no será larguísimo.

❸ No se preocupe por los bordes inacabados de tela. No es necesario darles la vuelta. Dé puntos de festón para evitar que se deshilachen y para conferirle un toque artesanal de calidad.

❹ Para envolver la manta, rasgue una tira de la misma tela usada para las letras. Envuelva la manta con un lazo como si fuese un paquete.

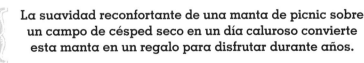

La suavidad reconfortante de una manta de picnic sobre un campo de césped seco en un día caluroso convierte esta manta en un regalo para disfrutar durante años.

FUNDA PARA SILLÍN DE BICICLETA

Una funda para el sillín de la bicicleta es un regalo muy práctico y útil para cualquiera que vaya en bici. Sin duda, mucho mejor que el gorrito de ducha, opción por la que optan muchos ciclistas. No tengo nada en contra de los gorritos de ducha. Pero en cuestión de estilo, nada supera una funda hecha a mano, que no requerirá mucho más esfuerzo que el que supone hacerse con los obsequios del hotel la próxima vez que vaya de vacaciones y que, por supuesto, tampoco regalaría. ¿Verdad?

necesitará

Un retazo de tela impermeable que cubra la plantilla

Plantilla (véase la p. 156)

Rotulador para tela

Tijeras de sastre

Alfileres

Máquina de coser e hilo

½ metro de cinta elástica de 1 cm de ancho

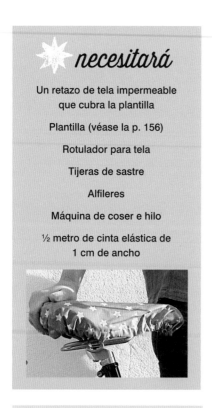

CONSEJO

Para pasar la cinta elástica por dentro del dobladillo puede usar un imperdible. Pero por un precio muy razonable, puede comprar una aguja pasacintas, perfecta incluso para los dobladillos más estrechos.

Método

1 Coloque la tela impermeable boca abajo en la superficie de trabajo. Coloque la plantilla encima y repase la forma con el rotulador para tela. Recorte la forma. Haga un dobladillo de 2 cm y sujételo con los alfileres. Realice pequeños cortes en las esquinas para evitar que la tela se frunza.

2 Coser a máquina tela impermeable por el lado derecho puede ser complicado, pues la tela elástica no se desliza muy bien. Para solucionarlo, frote una pequeñísima cantidad de aceite para bebés en ambos lados del dobladillo antes de coserlo. De este modo, la tela se deslizará debajo de la aguja sin problemas. Cosa el dobladillo con la máquina de coser. Deje un espacio de 2 cm entre el punto de inicio y el final para poder pasar luego la cinta elástica por el dobladillo.

3 Ahora pase la cinta elástica por el canal creado en el dobladillo (véase el consejo, izquierda). Si no tiene una aguja pasacintas, puede usar un imperdible. Sujételo en el extremo de la cinta elástica y páselo por el interior del dobladillo, tirando de la cinta elástica. Una vez pasada la cinta, haga un nudo flojo que pueda deshacer fácilmente en ambos extremos. Esto es necesario porque cada sillín tiene su forma y tamaño, así que el afortunado que reciba este regalo podrá adaptarlo según convenga y anudarlo para que no se mueva. Tense la cinta elástica de manera que aguante pero que permita quitar y poner la funda del sillín con facilidad. Ya puede llover.

 CONSEJO Un par de pinzas son las aliadas perfectas para sujetar los pantalones al ir en bici. ¿Por qué no cubre los lados de cada pinza con tela a conjunto de la funda? Fíjela con cinta adhesiva de doble cara.

HECHO EN CASA

celebraciones

Para mí, convertir una comida normal en una celebración es tan fácil como vestir la mesa con un mantel y unas velas. La cuestión es estar rodeado de los seres queridos y añadir unos detalles que, sin ser caros ni costar demasiado esfuerzo señalen que la ocasión es especial. Las celebraciones deben ser un placer para todos, no una causa de estrés para los anfitriones.

Además de la presión a la que podamos someternos cuando planificamos celebraciones, también hay que tener en cuenta la vertiente económica. Como una oportunidad más para hacer dinero, algunas celebraciones se han comercializado tanto que todos sentimos la presión de gastar más. Comida, decoración, regalos... Todo suma.

Queremos pensar que sólo es una vez al año, así que gastamos, y volvemos a gastar. Y después de poco más de 300 días (cuando ya nadie se acuerda de las compras que en su momento tanto valor parecían tener) recordamos lo que creíamos haber aprendido el año anterior y que en realidad olvidamos. ¡No es una cuestión de dinero! Así que empiece a disfrutar de las fiestas desde otra perspectiva. La belleza de la simplicidad es que no cuesta demasiado.

Esta sección está compuesta por una selección de comidas típicas de diferentes festividades y tradiciones, y de ideas decorativas. Hay dos temas presentes en la mayoría de celebraciones: dar las gracias y la nueva vida (o mirar hacia el futuro). Sea cual sea su cultura o su origen, se trata de sentimientos universales.

Me fascina la manera que tienen las personas de celebrar. Me encanta descubrir culturas que desconocía, adoptarlas y transmitirlas.

Cada proyecto de esta sección está relacionado con una celebración distinta. Pero todo puede usarse o hacerse en cualquier momento del año. Se trata, sencillamente, de cosas especiales que hago y que adoro. Para compartir, regalar, celebrar...

PASCUA

El domingo de Pascua es el primer domingo después de luna llena a partir del 21 de marzo; por eso puede caer en marzo o en abril. La Cuaresma marca la cuenta atrás para Semana Santa e incluye los días del aniversario de la crucifixión de Cristo. El domingo de Pascua conmemora la resurrección de Cristo, aunque, como ocurre en Navidad, mucha gente lo celebra sin pensar en el espíritu religioso de la celebración.

HUEVOS DORADOS DE CHOCOLATE

Los huevos de chocolate son un regalo de Pascua tradicional en muchos países, porque son un símbolo de nuevo comienzo y para los cristianos simbolizan la resurrección de Cristo. Sin embargo, en sus orígenes, la Pascua era una celebración pagana para venerar a Eostre, antigua divinidad de la primavera y la fertilidad; de ahí el conejito de Pascua y los pollitos que forman parte de las celebraciones hoy en día.

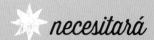

necesitará

Chocolate blanco, con leche o negro. Alrededor de 70 g para un huevo pequeño, 150 g para uno mediano y 250 g para uno grande

Moldes de huevo de plástico

Polvo dorado comestible para el acabado

Regalos para meter dentro (opcional)

Pincel pequeño

Celofán transparente para envolver los huevos

Cinta o hilo dorado

La elaboración de los huevos de chocolate caseros parece que tenga que ser más bien laboriosa y que requiera mucho más esfuerzo del que merece la pena. Pero en realidad, si sabe cómo templar el chocolate (véase la p. 96), no son complicados y la recompensa es mucho mayor que el tiempo de dedicación. Especialmente si conoce un truco para que todas sus creaciones sean increíbles.

Método

❶ Derrita el chocolate siguiendo las instrucciones de la p. 96. Es fundamental que el chocolate no pierda su temple o estará echando a perder tiempo y dinero, porque no se solidificará adecuadamente. Por suerte, es casi tan fácil derretirlo bien como hacerlo mal.

❷ Asegúrese de que los moldes están totalmente limpios y secos antes de añadir el chocolate. No hace falta que los lubrique, pues el chocolate saldrá con facilidad cuando se solidifique. Un toquecito con un cuchillo de punta roma lo soltará si no se despega solo. Si ya ha llenado un molde de chocolate derretido y no ha salido fácilmente, es porque había perdido el temple. [...]

3 Antes de verter el chocolate en los moldes, cúbralos de polvo dorado comestible. Eche aproximadamente un cuarto de cucharadita de polvo en cada cáscara e inclínela para que quede bien repartido. Retire el exceso. No tiene por qué quedar uniforme; como pasa con las manualidades, el encanto está en la falta de uniformidad.

4 Vierta aproximadamente dos cucharaditas (no hace falta que las mida, puede hacerlo a ojo) de chocolate derretido en cada mitad de cáscara y, con una cucharita, repártalo de manera que cubra todo el molde. Métalas en el frigorífico unos 40 segundos para endurecer el chocolate. Mientras tanto, siga removiendo el chocolate derretido para que no se solidifique.

5 Repita la operación hasta que sólo le quede un poco de chocolate para unir las dos mitades de cáscara. Refrigérelas.

6 Una vez las mitades se hayan solidificado, y antes de pegarlas, puede llenarlas de regalitos.

7 La manera más fácil de unir las mitades de cáscara de chocolate es pintando una capa gruesa de chocolate derretido por el borde de una de las mitades. Únalas y con el dedo llene los huecos que queden de chocolate. No se preocupe por el aspecto, el toque final lo arreglará.

8 Moje un pincel limpio y seco en el polvo dorado y páselo por la unión de chocolate, para que se mezcle con las cáscaras doradas. Puede pasar una capa fina de polvo dorado por la cáscara exterior para darle un toque más pomposo.

9 Use celofán transparente para envolver el huevo y termínelo con un lazo con una cinta elegante o un hilo dorado.

 Por poco más de lo que cuesta una tableta, haga un espléndido huevo de chocolate que parece salido del obrador de un maestro chocolatero. ¡Me encanta!

HUEVOS GANACHE MANCHADOS

Estos huevos, estupendos para regalar, tienen una apariencia elegante y un sabor delicioso. Además, puede usar la receta para cualquier celebración: sólo tiene que cambiar el molde según la ocasión. Para una presentación espléndida, colóquelos en una caja de huevos de codorniz en bolsitas de celofán atadas con cinta.

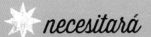 **necesitará**

Para 20 mitades de cáscara
(10 huevos)

PARA EL GANACHE

75 g de chocolate blanco

75 g de chocolate negro

(70 % de cacao)

150 ml de nata para cocinar

Una pizca de sal generosa

PARA LA CÁSCARA DE CHOCOLATE

30 de chocolate con leche

150 g de chocolate blanco

Moldes de plástico de huevo

Envase para la presentación (caja de huevos de codorniz o celofán)

Cinta para envolver

CONSEJO

Conserve los restos de ganache en un frasco en el frigorífico. Untada en una tostada está deliciosa. Si les da forma de bola y las pasa por una mezcla de cacao en polvo y polvo dorado comestible, obtendrá unas magníficas trufas.

Método

1 Para el ganache, trocee los chocolates blanco y negro. Póngalos junto con la nata y algo de sal en una sartén, y caliéntelo a fuego lento. Remueva sin parar con unas varillas hasta que el chocolate se haya derretido. Retírelo del fuego y siga removiendo hasta que el espesor del ganache sea el doble que cuando lo retiró del fuego. Deje que se enfríe.

2 Para la cáscara, trocee el chocolate con leche. Siga las instrucciones de la p. 96. No es una operación difícil, pero es muy importante que salga bien. Para esta pequeña cantidad, caliéntelo en el microondas en tandas de 20 segundos.

3 Con un pincel fino, pinte puntitos de chocolate derretido en los moldes en forma de huevo. También puede usar un pincel más grueso para puntear chocolate en los moldes y darles un efecto manchado. Los pinceles infantiles son ideales. Meta el molde pintado en el frigorífico mientras derrite el chocolate blanco, siguiendo de nuevo las instrucciones de la p. 96.

4 Use un pincel grueso para pintar una capa de chocolate blanco encima de los puntos o las motas marrones. Refrigere el molde para que el chocolate se solidifique durante 30 segundos. Retírelo del frigorífico y dele otra capa más gruesa por encima. Coloque una cantidad generosa de chocolate en el pincel para formar una cáscara gruesa. Cubra el chocolate blanco restante y resérvelo; lo necesitará para unir las mitades de la cáscara. Refrigere los moldes hasta que el chocolate se solidifique.

5 Cuando las cáscaras se hayan solidificado, rellénelas de ganache hasta justo por debajo del borde del molde. Refrigérelas hasta que el ganache se solidifique. Tardarán al menos dos horas. Yo suelo hacerlo antes de acostarme y las dejo toda la noche en el frigorífico.

6 Con un golpe seco, retire las mitades de las cáscaras de los moldes.

7 Vuelva a derretir el chocolate blanco calentándolo en el microondas en tandas de 20 segundos y removiéndolo para repartir el calor. Pinte una capa en la parte superior de ambas cáscaras de huevo y presiónelas una contra la otra para pegarlas. Repita la operación para pegar todas las cáscaras y refrigérelas para que se solidifiquen.

★★★ TORTITAS ANTIESTRÉS

Tradicionalmente, el martes de carnaval, el día antes del inicio de la Cuaresma, empieza usando los ingredientes que se tienen por casa para hacer limpieza de armarios en preparación para un periodo de abstinencia. Dependiendo del lugar, la tradición marca usar unos ingredientes u otros, para elaborar diferentes recetas. En mi casa, como en muchas otras, esto significa una cosa: ¡tortitas!

Yo las llamo tortitas antiestrés porque siempre salen bien y son perfectas para comer algo rápido y delicioso. Inexplicablemente, hacer tortitas era para mí una tortura. La primera siempre se pegaba, salían demasiado gruesas, demasiado correosas, nunca quedaban bien. Con las medidas de esta receta salen entre 8 y 10 tortitas grandes, más si son pequeñas. Por supuesto, eso dependerá del tamaño de la sartén.

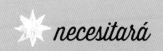

necesitará

250 g de harina blanca

350 ml de leche

3 huevos

Una pizca de sal generosa

2 cucharaditas de azúcar glas (opcional) para tortitas dulces

90 g de mantequilla sin sal

2 cucharadas de aceite de girasol (u otro aceite ligero) en un pequeño bol y un trapo limpio

Método

① Vierta la harina, la leche, los huevos, la sal y el azúcar (si lo usa) en un bol. Mezcle los ingredientes con un tenedor. Bátalo todo durante un minuto, rebañe los laterales y el fondo del bol con una espátula, y siga batiendo. Debe conseguir una masa sin grumos. Si usa una batidora de pie, deje que bata unos 8 minutos.

② Añada la mantequilla a la sartén y siga batiendo la masa mientras se derrite. Vigile que no se queme.

③ Cuando se haya derretido, retírela del fuego y deje que se enfríe durante un minuto. No deje de batir la masa; es uno de los secretos de estas tortitas. Mantiene la mezcla ligera y hace que salgan esponjosas. Mientras bate la masa, vaya añadiendo mantequilla poco a poco a la mezcla. No añada los restos de leche de la sartén. Bata un par de minutos más. Incorpore el agua y siga batiendo.

④ Vierta la masa en una jarra. Yo uso una jarra medidora para tener una idea desde el principio de la cantidad aproximada de masa que debo usar para cada tortita (alrededor de 75 ml), pero luego lo hago a ojo. Necesita menos masa de la que piensa porque se extiende formando una capa muy fina.

⑤ Caliente la sartén a fuego vivo y no añada el aceite hasta que esté caliente. Vierta una diminuta cantidad de aceite por la sartén, justo la suficiente para cubrirla. Cuando esté caliente, vierta una porción de mezcla. Use una mano para verterla y la otra para inclinar la sartén a medida que cae la mezcla, para formar una capa fina que quede bien repartida y que la cubra por completo. Yo levanto la sartén y la inclino casi noventa grados para asegurarme de que la mezcla queda bien repartida.

⑥ Vuelva a poner la sartén en el fuego. Pasados unos 20 segundos, la tortita empezará a dorarse por los lados y a despegarse de la sartén. En este punto deberá darle la vuelta. Deje que el otro lado se haga durante unos 40 segundos. Este lado no se dorará tanto como el primero, pero ya verá cuando la masa esté bien hecha. Cuando la tortita esté lista, retírela y repita la operación hasta terminar la masa. Vaya apilando las tortitas en un plato a medida que las vaya sacando de la sartén. Manténgalas cubiertas con un trapo para que no se enfríen y sírvalas.

NOTA

Como pasa con muchas otras recetas, las tortitas son ideales en cualquier época del año, y puede hacerlas dulces o saladas, para desayunar, merendar o cenar. Pensándolo bien, ¿hay una receta más versátil?

CONSEJO

Alternativa: use
cáscaras de huevo
con agua dentro
como bonitas bases
para pequeñas flores
recién cortadas. Son
perfectas cuando los
más pequeños le
traen un ramo de
flores silvestres
demasiado cortas
para un florero.

HUEVOS CON LIRIOS DEL VALLE

Regalar lirios del valle es una tradición francesa del día 1 de mayo que data del siglo XVI, cuando el rey Carlos IX de Francia empezó a regalárselos a las damas de su corte como amuleto de la suerte cada primero de mayo. Hoy en día, en las vísperas de *La Fête du Travail* (el Día de los Trabajadores), estas bellas flores aromáticas están por todos lados y pueden encontrarse por las calles, en supermercados o floristerías. A continuación tiene una idea de cómo hacer un regalo para mostrar afecto y aprecio.

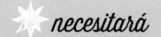 necesitará

Huevos: si es posible, los de pato son las macetas ideales, ya que son más grandes que los de gallina y las cáscaras blancas son preciosas. Si no puede conseguirlos, use los huevos de gallina más grandes que encuentre. Si los quiere todavía mayores, elija los de ganso, que son enormes, pero difíciles de encontrar y caros, por lo que las otras opciones son más prácticas

Tierra y musgo

Lirios del valle, perfectos para plantar en cáscaras de huevo, porque el bulbo es tan pequeño que cabrá sin problemas. Si no los encuentra, o quiere usar otra flor, asegúrese de que el bulbo sea lo bastante pequeño o tiene las raíces poco profundas para sobrevivir en poco espacio. Opte por los jacintos o las campanillas de invierno

Hueveras o pequeños frascos de vidrio

Como ligera variación de la tradición francesa, durante la Pascua me gusta tener flores silvestres de primavera en casa, pues estas flores diminutas, delicadas y aromáticas quedan muy bien en las cáscaras de huevo, igual de pequeñas y delicadas.

Si consigue lirios del valle cortados, ponga los tallos en agua dentro de las cáscaras de huevo. También puede comprar semillas en un centro de jardinería o por internet y plantarlas en las cáscaras de huevo.

Método

❶ Rompa la parte superior de la cáscara. Agarre el huevo con firmeza y dé un golpe seco a la cáscara con un cuchillo afilado para hacer una grieta limpia. Un golpe seco es mejor que pequeños golpecitos, que causarían fisuras. Retire la parte superior con cuidado de no romper el resto de la cáscara. Vierta el huevo en un bol; más tarde puede hacer huevos revueltos o una tortilla. Enjuague las cáscaras.

❷ Ponga un poco de tierra en la mitad inferior de la cáscara. Añada la planta y presiónela. Si lo tiene, ponga un poco de musgo alrededor del tallo.

❸ Coloque los huevos en hueveras o pequeños frascos de vidrio y agrúpelos o repártalos aquí y allá.

❹ Riéguelos un poco cada día; sólo tiene que asegurarse de que la tierra siempre esté húmeda.

 CONSEJO Si tiene un gato y usa arena de sílice o gránulos minerales, úselos como alternativa a la tierra en las macetas con plantas. Retiene el agua y drena bien.

EID-AL-FITR

Esta celebración tiene lugar después del noveno mes del calendario musulmán, el mes sagrado del ramadán. Cada año el ramadán empieza once días antes que el anterior, lo que significa que en 33 años cae en todos los meses del calendario occidental (el gregoriano).

BAKLAVA

La baklava es sorprendentemente fácil de hacer, especialmente si elige esta versión, que reduce el tiempo de preparación a minutos. Algunas recetas de *baklava* llevan mucho tiempo de preparación. Yo quería una opción que fuese rápida y sencilla. Esta es tan fácil que puede hacerla en cualquier momento: para una celebración, para regalar o para darse un gusto.

✴ *necesitará*

500 g de mantequilla sin sal

175 g de nueces pecanas

175 g de pistachos sin cáscara

(o cualquier otra combinación de frutos secos que tenga a mano)

500 g de masa filo

225 ml de sirope de pita, o haga hasta 225 ml de sirope combinando 175 ml de miel ligera líquida con 40 ml de agua hirviendo y 10 ml de agua de flor de naranja o agua de rosas y dejándolo enfriar

Método

1 Precaliente el horno a 200 ºC o al 6 (si es de gas).

2 Cubra una bandeja de horno de 28 cm × 40 cm con papel de horno antiadherente.

3 Derrita la mantequilla a fuego lento, sin que pierda el color ni se queme. Cuando esté casi derretida, retírela del fuego y deje que acabe de derretirse con el calor de la sartén. De hecho, debe conseguir aclararla. Aunque quizás le suene a alta cocina o le parezca complicado, no se preocupe, hay una manera rápida de hacerlo. No es la ideal, pero sirve. Coloque un paño de algodón fino o muselina encima de un bol. Vierta la mantequilla derretida como si de un colador se tratase. La mayoría de sólidos de la leche quedarán encima de la tela, y el líquido dorado se colará. Así de fácil.

4 Triture los frutos secos en la batidora sin que lleguen a convertirse en polvo. Apague la batidora cuando aún pueda ver algunos trocitos de frutos secos para conseguir una agradable mezcla de texturas. Mézclelos con una pizca de sal generosa y 100 g de mantequilla derretida.

5 Desenrolle la masa filo de modo que quede bien extendida. Para que encaje, coloque la bandeja encima de la masa con cuidado y corte alrededor con un cuchillo afilado. Antes de descartar las sobras, estrújelas como si fuesen un paño y úselas para repartir alrededor de dos cucharadas de la mantequilla aclarada por encima del papel de horno de la bandeja.

6 Coja un tercio de la masa filo y extiéndala por la base de la bandeja. Esparza uniformemente la mitad de la mezcla de frutos secos por la masa. Ponga otro tercio de masa por encima y repita con la mezcla de frutos secos restante. Finalmente, coloque el último tercio de masa por encima.

7 Habrá notado que no ha hecho la laboriosa tarea de cepillar cada capa de masa filo con mantequilla. No se preocupe; ahora viene el golpe maestro para ahorrar tiempo…

8 Use un cuchillo pequeño y afilado para cortar la masa cruda, haciendo rectángulos de entre 3 y 4 cm. Para asegurarse de que corta la masa justo por el borde, gire el molde, meta la hoja en el borde de la masa y corte hacia usted. En lugar de tirar de él, presione el cuchillo hacia abajo, para evitar arrastrar la masa y rasgarla.

9 Una vez cortada la masa, rocíe el resto de la mantequilla aclarada por encima, asegurándose de que queda bien repartida. La masa y los frutos secos la absorberán como si fuesen papel secante. Este paso es igual de eficaz que si cepillara cada capa de masa con mantequilla, pero mucho más rápido. Asegúrese de que toda la masa queda impregnada de mantequilla, pero que no haya exceso. Es posible que no tenga que usarla toda. Si ve que queda estancada en algún punto, levante el molde e inclínelo ligeramente para repartirla hasta que quede totalmente absorbida.

10 Meta el molde en el horno durante 15 minutos. Si la *baklava* queda de color dorado pálido durante ese tiempo, ya está hecha. Si todavía quedan partes sin dorar, déjela más tiempo, bajando la temperatura a 150 °C. Pasados 5 minutos debería estar lista.

11 Cuando la masa haya quedado dorada y crujiente, retírela del horno y rocíe el sirope por encima al instante. Hágalo despacio, para asegurarse de cubrir toda la superficie. Yo uso sirope de pita porque es neutro y añade dulzura sin dar un sabor muy intenso. Si no lo encuentra, puede comprarlo por internet. Como alternativa, la mezcla de miel y agua de naranja o de rosas (véase la página anterior) es estupenda y, de hecho, su sabor es más fiel al de las recetas tradicionales de *baklava*.

12 Cubra el molde con paños y deje que se enfríe. La masa mantecosa y con sabor a nuez absorberá el dulce sirope, dándole un toque empalagoso a la crujiente masa filo. Esta *baklava* puede consumirse el mismo día pero sabe incluso mejor al día siguiente, ya que los ingredientes siguen mezclándose y la masa crujiente sigue absorbiendo el sirope y la mantequilla.

★ ✱ ★

Durante el ramadán no se puede consumir nada entre el amanecer y el anochecer, así que no es sorprendente que el Eid-al-Fitr, que literalmente significa "la fiesta de la ruptura del ayuno", sea el momento de darse un gusto. A diferencia de la Cuaresma cristiana, el ayuno del ramadán no es opcional, sino un periodo obligatorio para desacelerar, reflexionar y dar las gracias. La privación autoimpuesta requiere mucha fuerza de voluntad. Así que tras un mes de limitaciones, es natural que la sensación de logro se celebre con satisfacción. Y qué mejor gusto que una deliciosa *baklava* dulce, que puede comerse durante todo el año, pero tiene un lugar privilegiado en muchas mesas durante esta celebración.

DIWALI

El festival de las luces consiste en cinco días de celebración, que normalmente caen en octubre o noviembre. La fecha la marca del calendario hindú. Cada día se celebra una leyenda distinta y las historias varían según la región, pero la motivación de esta festividad es la esperanza de que el bien triunfe sobre el mal, la luz por encima de la oscuridad.

LAMPARILLAS COLGANTES

Durante el Diwali los hogares se engalanan con velas para guiar a Lakshmi, deidad de la riqueza, hacia el interior.

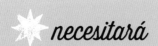 **necesitará**

Muselina

Tijeras de sastre

Viejos frascos de vidrio

Tela blanca (opcional)

Cinta adhesiva de doble cara

Vela a pilas: 1 por frasco

Método

1 Corte un cuadrado de muselina lo bastante grande para cubrir la tapa y que cuelgue del frasco. Uno de entre 10 y 15 cm debería ser suficiente, pero depende del tamaño de cada frasco. Coloque la muselina encima de la tapa. Si ve el color de la tapa a través de la muselina y no le gusta, cúbrala con cinta adhesiva de doble cara y péguele un retazo de tela blanca. Fije la muselina por encima de la tapa con cinta adhesiva de doble cara.

2 Encienda una vela a pilas y métala dentro del frasco. Coloque la tapa de manera que el trapo quede colgando y cubra el frasco.

3 Para colgar los frascos, corte o rasgue una tira de muselina que mida unos 30 × 2 cm. Pásela alrededor del cuello del frasco y asegúrela con un nudo corredizo. A continuación pase el extremo suelto por el lado opuesto del cuello del frasco, de modo que forme un bucle largo sobre la tapa. Tire del extremo bajo la tela anudada alrededor del frasco y asegúrelo con un nudo corredizo. Puede hacer y deshacer fácilmente el nudo que sostiene el frasco para sacar la tapa y encender o apagar la vela.

PASTEL Y TARJETAS CON MOTIVOS RANGOLI

En la India, durante el Diwali, los estampados hechos con polvo blanco o de color (con polvo de tiza o harina de arroz) brotan de suelos y portales: es el arte folklórico tradicional. Según la región, reciben diferentes nombres, como Rangoli o Kolam. Pero el simbolismo y la importancia es la misma en todos lados. El hecho de que las obras de arte sean temporales es un recordatorio de la importancia de vivir el presente.

La simplicidad de los bellos Rangoli contradice la habilidad necesaria para hacerlos, ya sea a mano alzada, vertiendo con cuidado pequeñas cantidades de polvo para crear un patrón o con plantillas. He aquí la manera fácil y rápida de hacer Rangoli que he adoptado: lo hago con cinta para crear diseños asombrosos en cuestión de segundos.

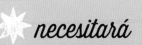

necesitará

Plantillas (si usa)

Tiras de cinta de encaje o, más fácil de conseguir, una pieza de tela de encaje

Cacao en polvo, azúcar glas o polvo brillante comestible, según el color del pastel y el efecto que quiera conseguir

Tamiz o colador de té

O

Una tarjeta en blanco

Pegamento en barra

Pigmento en polvo o purpurina

Método para decorar pasteles (véase la imagen de la p. 121)

Para decorar un pastel, sólo tiene que colocar las plantillas o tiras de cinta de encaje encima. Si usa tiras o tela de encaje, puede mezclar diferentes diseños para conseguir un efecto collage de lo más original. Esta técnica funciona en pasteles con o sin glaseado. Únicamente tiene que llenar el tamiz o colador de té de los polvos que use e ir dando toquecitos por encima del pastel, asegurándose de cubrirlo uniformemente. Retire la cinta de encaje con cuidado para dejar el estampado al descubierto. Con esta sencilla técnica dejará a todo el mundo maravillado.

Método para decorar tarjetas

Para hacer tarjetas igual de bonitas, recubra la cubierta de una tarjeta en blanco de pegamento en barra. Pegue la cinta de encaje y esparza purpurina o pigmentos en polvo para hacer el diseño. Presione con las manos para que el polvo quede bien pegado en el pegamento y retire la cinta. Deberá realizar esta operación con rapidez para asegurarse de que el pegamento todavía está pegajoso cuando esparza la purpurina o el polvo por encima. Con este método obtendrá tarjetas Diwali bellas y originales, que también sirven como tarjetas de felicitación en cualquier época del año.

Haga papel de regalo siguiendo el mismo método, con papel para paquetes como base.

Me encanta encontrar un truco sencillo que siempre funciona.

 Una manera magnífica de decorar pasteles y tarjetas, sencilla y eficaz.

LÁMPARAS DIWALI ESTAMPADAS

El nombre "Festival de las luces" viene de las filas de pequeñas lámparas del tamaño de la palma de la mano que se encienden en las casas durante el Diwali. Tradicionalmente, estas lámparas se llenan de aceite que quema con una mecha de algodón, pero por cuestiones prácticas pueden llevar una vela.

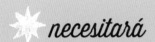 *necesitará*

500 g de arcilla de secado al aire, o use pasta de sal, uno de mis materiales favoritos porque es sencillo, los ingredientes son baratos y es fácil de trabajar. Con estas cantidades hará 24 lámparas

PARA HACER LA PASTA DE SAL:

1 taza de harina blanca

1 taza de harina de maíz o harina blanca

1 taza de sal

1 taza de agua

El zumo de medio limón

PARA HACER LAS LÁMPARAS:

Cortadores de galletas grandes, acanalados o lisos (opcional) o el borde de una taza o jarra

2 moldes de magdalena

Velas

Método para hacer la pasta de sal

❶ Mezcle todos los ingredientes con una batidora. Si la mezcla es demasiado seca, añada un poco más de agua; si es demasiado pegajosa, añada harina. Estará lista cuando quede suave y elástica, como si fuese comestible. Yo uso harina de maíz porque le da un toque más fino y blanco que si sólo utilizara harina blanca.

❷ Enrolle la masa hasta lograr un grosor de 2 mm. Eche harina en la superficie de trabajo para evitar que se pegue; si trabaja con arcilla de secado al aire no hará falta.

Decoración

También necesitará objetos para decorar la superficie de la masa o arcilla; échele imaginación y busque en los cajones cualquier objeto que pueda dejar una marca divertida. Los bloques de impresión con motivos de la India son ideales. La mejor manera de usarlos es levantando la masa desenrollada, presionar firmemente en la superficie del bloque de impresión y despegarla. El encaje y las blondas también funcionan: colóquelos en la masa y pase un rodillo de amasar por encima. Me encanta la marca que deja la punta de un destornillador de estrella. Si pasa por la superficie un trapo con un tejido áspero o una cesta tejida le quedará un estilo rústico. Experimente y mezcle marcas.

❶ Imprima estampados en la superficie de la masa. Una vez hecho, corte discos con los moldes de magdalena. Los cortadores de galletas redondos grandes, tanto con los bordes lisos como acanalados, son perfectos.

❷ Llene los moldes de magdalena con las formas cortadas y deje secarlos entre 24 y 48 horas. Una vez la superficie esté seca, dé la vuelta a los moldes para sacarlos de la bandeja y que la parte de abajo también se seque.

❸ Cuando estén totalmente secos, alinéelos y meta las velas en el interior.

★★★
JANUQUIÁ DE PINZAS

Usar pinzas como candelabros se me ocurrió el día que quise fijar una vela larga en una pila de tartas para celebrar un cumpleaños y no sabía cómo hacerlo. Al ver una pinza de madera en el armario de la cocina pensé "¡Eureka!". Las pinzas pueden sujetar las velas perfectamente y son una base lo bastante sólida para que no caigan. Al unirlas, forman un diseño escultural perfecto para hacer un januquiá o menorá de Janucá.

✷ necesitará

11 pinzas de madera, de la medida más grande que encuentre

9 velas

Método

 Presione los extremos de la pinza para abrirla. Coloque una vela en el hueco, perpendicular a la pinza, y deje de presionar para que agarre la vela. Haga lo mismo con otras siete velas.

 La novena vela –la *shamash*– debe quedar por encima del resto, así que necesitará tres pinzas para agarrarla. Sujétela en la pinza de modo que pinza y vela queden alineadas. Para mantenerla en posición vertical, haga una base con las dos últimas pinzas. Colóquelas en posición horizontal, mirando en direcciones opuestas, con los extremos en forma de V uno frente al otro. Acérquelas, de manera que los extremos interiores entren 1 cm en la otra pinza. Encaje los "pies" de la pinza que sujeta la vela en los extremos superpuestos de las dos pinzas en posición horizontal y a continuación empuje ambas pinzas hacia dentro, hasta que los muelles queden calzados firmemente uno contra el otro. Formarán una T al revés.

 Coloque esta vela en el centro de la superficie donde quiera exhibir la januquiá con cuatro velas en zigzag a cada lado. Antes de encender las velas, asegúrese de que todas las pinzas estén estables. Si le preocupa la estabilidad, puede poner un poco de masilla adhesiva reutilizable debajo de cada pinza para fijarlas. Como siempre, las velas no deben dejarse encendidas sin supervisión.

Este candelabro puede usarse en cualquier época del año. Quite la vela central y añada tantas como quiera. Queda muy bien como centro de mesa en zigzag. Y, por supuesto, no olvide la razón principal de usar pinzas como portavelas: en un plato con un bizcocho o dulces alrededor son una alternativa para adultos a la tarta de cumpleaños.

SUFGANIOT

Las comidas fritas son típicas durante la Janucá. Los *sufganiot* –pequeños donuts fritos– forman parte sobre todo de la tradición israelí.

Tras varios fracasos a la hora de hacer donuts, se me ocurrió una manera muy sencilla e infalible de hacer dulces rápidos y deliciosos. El secreto está en las rebanadas de pan… Estas cantidades son suficientes para 16 donuts pequeños u 8 grandes, según el tamaño y forma del cortador de galletas que use. A veces uso cortadores con forma de corazón. Esta receta es una mezcla entre un donut y una torrija.

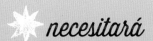 *necesitará*

16 rebanadas de pan blanco de 1 cm; el pan de bollo es perfecto

Un relleno: una gelatina, una salsa de manzana, rodajas de plátano, chocolate o cualquier otro ingrediente que le guste

2 huevos

Una pizca de sal

125 ml de aceite de girasol, para cubrir la sartén unos 2 mm

Azúcar glas para espolvorear

Método

❶ Corte el pan con los cortadores de galletas de manera que pueda aprovechar el pan al máximo y obtener la mayor cantidad de formas posible. Junte dos piezas de pan que encajen. Extienda el relleno en las dos capas y a continuación presione firmemente por los lados para que el relleno quede en su sitio.

❷ En un bol, bata los huevos mezclados con la sal.

❸ Caliente el aceite en una sartén hasta que chisporrotee al echarle unas migas. Sumerja cada donut en el huevo para cubrir ambos lados y váya friéndolos; no cubra todos los trozos de pan con huevo ni deje unos donuts en remojo mientras se fríen los otros, pues quedarían demasiado pastosos. Fría por un lado durante 30 segundos, deles la vuelta y fríalos durante unos 30 segundos más. Vigile bien los tiempos de cocción, que variarán según la temperatura del aceite. Los donuts estarán hechos cuando estén dorados y crujientes por ambos lados.

❹ Coloque los donuts ya hechos sobre papel absorbente para retirar el exceso de aceite y repita la operación hasta hacerlos todos. Apílelos en un mismo plato o sírvalos individualmente, y espolvoréelos con azúcar glas. Si quiere un toque gourmet, sírvalos con frutas del bosque o cortes de manzana y yogur griego, crema fresca o helado.

Disfrute de estos deliciosos donuts en cualquier época del año.

{ **CONSEJO** La mejor manera de retirar los trocitos de cáscara que caen en el huevo crudo es usando la mitad de la cáscara rota como cuchara: atraviesa el huevo sin problemas.

AÑO NUEVO CHINO

El primer día
del año chino, que
cambia con el sol
y la luna.

SOBRES DE LA BUENA SUERTE

Una de las magníficas tradiciones del Año Nuevo chino es regalar sobres rojos con dinero. Estos sobres también se regalan en otras ocasiones especiales, pero sea cual sea la celebración, el color siempre es el rojo, símbolo de la buena suerte.

El blanco es el color de la muerte, así que nunca lo verá en una celebración china. Por esta razón, por año nuevo compro faroles chinos rojos en lugar de blancos, que es lo que haría si siguiera mi tendencia natural por los colores neutros. Las supersticiones son curiosas: tanto si cree en ellas como si no, son contagiosas.

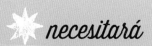 **necesitará**

Plantilla (véase la p. 154)

Papel bonito

Lápiz

Tijeras para cortar papel

Pegamento, cinta adhesiva de doble cara o *washi tape*

Método

Hacer sus propios sobres es sorprendentemente fácil y útil en cualquier época del año. Puede hacerlos para regalar dinero o vales. Para envolver pequeños regalos. O para enviar tarjetas hechas a mano.

1 Recorte la plantilla de la p. 154 y guárdela para usarla siempre que la necesite. Es recomendable repasar la plantilla en una cartulina y recortarla, para que sea más fácil de dibujar.

2 Ahora sólo tiene que coger el papel elegido, repasar la forma y recortarla. Doble la parte inferior para completar el sobre y engánchelo en las solapas estrechas. Llene el sobre y ciérrelo con pegamento o cinta adhesiva de doble cara. Si lo tiene, también queda muy bien cerrarlo con *washi tape*.

¿Verdad que son bonitos? Poco trabajo pero satisfactorio. Así que piense en el rojo para las celebraciones y para los días de cada día. Periódicos, páginas de revistas, papel para empapelar, papel de regalo. ¡Estará a la última!

 CONSEJO Si va a enviar sobres con una decoración muy vistosa, escriba la dirección en una pegatina blanca delante para que el cartero la lea fácilmente.

FAROLES DE TELA

Los faroles de papel están por doquier; se usan en diferentes culturas como decoración para ocasiones especiales y, de manera más prosaica, para decorar bombillas y hacer pantallas de lámpara básicas. Pero son chinos por excelencia y tienen un papel muy importante en las celebraciones de ese país. Una de las razones por las que son tan populares es porque son muy baratos. Aquí tiene una idea para realzar unos faroles blancos básicos para cualquier celebración. Recuerde: el color blanco simboliza la muerte en China, así que la característica de estos faroles es el color.

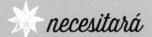

necesitará

Faroles blancos; busque y compare para encontrar los más baratos

Cinta métrica

Rotulador para tela y regla

Tela: el algodón ligero es perfecto, porque se pliega con facilidad, pero el lino, por su sencillez, también queda muy elegante. Elija una u otra o mezcle ambas telas

Tijeras de sastre

Máquina de coser, hilo y alfileres

0,5 m de cinta elástica de 1 cm de ancho

Imperdible o aguja pasacintas

Borlas (opcional)

CONSEJO

Si tiene pensado colgar muchos faroles, no coloque bombillas en todos ellos. Será caro y complicado, y de todos modos quedan muy bien apagados. Fije los extremos en la pared o en el techo con ganchos o cinta resistente.

Método

1 Mida la circunferencia de la zona más ancha del farol. Multiplique el resultado por 1,5. Ahora mida la altura del farol y añádale 5 cm. (Créame, no es una prueba de matemáticas). Estas dos cifras le darán las dimensiones de la funda de tela, así que marque y recorte un rectángulo de las medidas del resultado obtenido. En este caso, yo usé un farol de 30 cm de diámetro (con una circunferencia de 1 m) por lo que la tela necesaria medía 1,5 m × 35 cm.

2 Cosa a máquina los dos extremos cortos, con el lado derecho de la tela mirando hacia dentro. Ahora debe crear canales para pasar la cinta elástica por la parte superior e inferior del farol, para acomodarla en el farol de papel. Haga un dobladillo de 2 cm en ambos extremos de la tela y sujételo con alfileres. Si los cose a máquina, no olvide colocarlos en perpendicular al dobladillo para que la aguja pase por encima sin romperse. De este modo, también evitará tener que ir quitándolos a medida que cose. Cosa los dobladillos dejando un espacio de 2 cm por el que pasará la cinta elástica.

3 Coloque el farol dentro del tubo de tela. Con un imperdible o una aguja pasacintas (véase la p. 104), pase la cinta elástica por dentro de los dobladillos y tire de ella firmemente para que quede tensa alrededor de la parte superior e inferior. Anude la cinta elástica para asegurarla.

4 Si lo desea, puede dejarlos tal cual, pero también puede coser borlas pequeñas alrededor de la base. Son muy fáciles de hacer (véanse las pp. 44-45) y quedan muy bien.

 Si quiere añadirles un toque brillante, pase una cinta de luces LED por varios faroles a modo de cable para colgarlos.

SEMANA DORADA JAPONESA

Esta es una de las tres fiestas anuales más importantes de Japón –las otras dos son el Año Nuevo y el Obon, un festival budista para honrar las almas de los antepasados.
La semana dorada empieza el 29 de abril con la celebración del cumpleaños del primer emperador Showa y termina el 5 de mayo con el Kodomo no hi –el día del niño en Japón.

ENVOLTORIO FUROSHIKI

Un encuentro fortuito durante el Día de la infancia me dio a conocer las maravillas del *furoshiki*. El propietario japonés de una tienda me contó amablemente la historia de este antiguo arte para hacer envoltorios. La palabra *furoshiki* se remonta a cientos de años, cuando se usaba un retazo de tela para envolver y transportar los artículos necesarios para ir a los baños públicos. Literalmente significa "extender en el baño". Con el tiempo, los *furoshiki* han evolucionado y se han convertido en cuadrados de tela especialmente diseñados, que a menudo incluyen motivos simbólicos de cada celebración.

Los *furoshiki* pueden usarse una y otra vez. Si puede conseguir tela *furoshiki*, excelente; si no, los pañuelos antiguos son una magnífica alternativa (y pueden ser parte del regalo). También puede utilizar una tela que le guste, cortándola (o rasgándola) en un cuadrado.

Cómo envolver una botella, una planta, una vela o cualquier otro objeto que deba mantenerse en posición vertical

Extienda el cuadrado de tela en una superficie y coloque el artículo que va a envolver en el centro. El cuadrado tiene que ser lo bastante grande para coger dos puntas opuestas y anudarlas por encima del artículo que tenga que envolver. Un cuadrado de 80 cm es perfecto para una botella de vino. Ponga la botella de pie en el centro del cuadrado. Levante dos puntas opuestas y únalas haciendo medio nudo. Tire firmemente contra la parte superior de la botella. A continuación retuerza los extremos sueltos, dejando 6 cm sin retorcer en las puntas. Anude las puntas sin retorcer para crear un lazo retorcido por donde agarrará el envoltorio para transportarlo. Pase las otras puntas de tela por encima de la botella y únalas haciendo medio nudo en medio de un lateral de la botella. Lleve las puntas al lado opuesto y anúdelas.

Cómo envolver una caja o un libro

Coloque el artículo en el centro del cuadrado. Levante dos puntas opuestas y haga un nudo plano contra el regalo. Levante las dos puntas opuestas y anúdelas. Para los paquetes de la imagen de la página siguiente, usé una pieza de tela de 35 cm para la caja pequeña y otra de 50 cm para la grande, que contiene un libro de tapa dura.

Bolsa furoshiki

Originalmente, los *furoshiki* se usaban como bolsas. Con unos cuantos nudos y un giro, el cuadrado de tela se convierte en una bolsa. ¡Bonita y muy útil!

Doble la tela por la mitad con el lado bueno mirando hacia dentro para obtener un triángulo. Enrolle el extremo del pliegue hacia arriba y haga un nudo firme a unos 10 cm de los extremos. Este paso le confiere a la base de la bolsa una forma de media luna; cuanto más enrolle, más altos quedarán los laterales. Ponga la tela del derecho y voltee los nudos hacia dentro. Levante las puntas opuestas y anúdelas bien. Una bolsa resistente en segundos. Según el tamaño de la pieza de tela, puede ser de mano, ir colgada del hombro o incluso en bandolera.

El bolso de la foto está hecho con una pieza de 1,2 m. Si lo quiere más pequeño, use una pieza más pequeña.

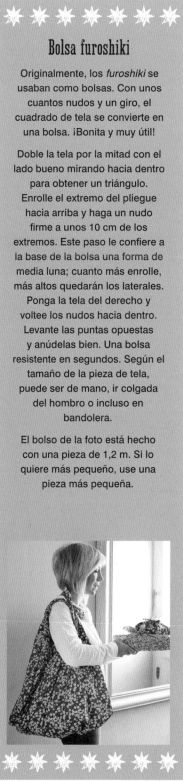

✳ DÍA DE ACCIÓN ✳ DE GRACIAS

Esta festividad se celebra el cuarto jueves de noviembre en Estados Unidos y el segundo lunes de octubre en Canadá.

DIARIO DE ACCIÓN DE GRACIAS

La celebración gira en torno a una copiosa comida, durante la cual se dan las gracias por la buena fortuna. Cuando los comensales estén sentados a la mesa reflexionando sobre los buenos momentos que ofrece la vida, puede captar el momento con un diario de Acción de Gracias, que podrá sacar una vez al año para que todo el mundo escriba en él, haga un dibujo o pegue una fotografía, o para repasar la mano o el pie de los más pequeños.

Diario de gratitud

Parecido al diario de Acción de Gracias, pero este para uso personal y para todo el año: un diario de pensamientos positivos. Igual que las mascotas en Navidad, las gracias no deberían darse únicamente por Acción de Gracias. Es una manera de ser consciente, día a día, de los aspectos positivos de la vida. Lo incluyo aquí porque, al parecer, los diarios de gratitud contribuyen a la felicidad de las personas. Yo empecé a escribir el mío una mañana estresante que dejó de serlo cuando el amable conductor de un camión me cedió el paso con una sonrisa de oreja a oreja para entrar en una cola a la que nadie más me hubiese dejado pasar. De repente, dejé de estar molesta con el resto de conductores egoístas y sentí agradecimiento por el conductor que acababa de alegrarme el día. Esto hizo que me diera cuenta que cambiando el punto de vista se puede cambiar de actitud. Igual que el diario de Acción de Gracias, fórrelo, con papel o tela, con una fotografía que le haga sentirse bien. Sienta el bienestar.

Con el paso de los años se forja una instantánea de este día. Un buen momento para sacar el diario es cuando todos estén llenos después de la comida, a medida que se van recordando anécdotas, se admira el estirón que ha pegado alguno de los niños, se comparten pensamientos de felicidad o se recuerda a un difunto.

Tanto si celebra este día como si no, un diario de Acción de Gracias es una maravillosa manera de no perder de vista que la buena fortuna puede celebrarse con las cosas más sencillas del día a día.

Para hacer el diario todavía más especial, fórrelo con una fotografía impresa o en tela. Este es un ejemplo clásico de algo maravilloso que no cuesta prácticamente ni tiempo ni dinero. Existen muchas técnicas para transferir imágenes a una tela, algunas de las cuales requieren mucho esfuerzo y son poco eficaces. Esta técnica no podría ser más sencilla. Mi momento Eureka me vino al preguntarme qué pasaría si metía tela en la impresora de casa. ¡Y funciona! ¿Cómo es que no se me había ocurrido antes?

Cómo transferir una imagen a una tela en segundos

Hay algo muy agradable y profesional en una tela en la que se imprime una fotografía.

Coja la pieza de tela (debe ser relativamente rígida) y use una hoja tamaño A4 como plantilla para cortarla a la medida de la bandeja de la impresora. Con tela blanca obtendrá las imágenes más nítidas. Si la tela está arrugada, plánchela antes de meterla en la impresora para asegurarse de que pasará sin problemas.

Elija la imagen deseada e imprímala al tamaño adecuado para cubrir el diario. Para que la tinta quede sellada en la tela, coloque un trapo encima y pase la plancha (sin vapor).

NAVIDAD

Esta celebración tiene lugar el día 25 de diciembre para conmemorar el nacimiento de Jesucristo. Millones de personas de todo el mundo celebran la Navidad. En algunos países, la mayor celebración y el intercambio de regalos se llevan a cabo el 24 por la noche, mientras que en otros se espera hasta el 25 por la mañana. Los 12 días de Navidad siguen adelante hasta la Epifanía, el día 6 de enero, día en el que debe retirarse la decoración.

EL ÁRBOL

Sea donde sea que celebre la Navidad, seguramente una de las primeras cosas que le vienen a la cabeza de entre todas es el árbol. Aquí tiene algunas ideas para darle un aire festivo con un presupuesto limitado.

La tradición de colocar un árbol de hoja perenne dentro de casa y decorarlo para las fechas de esta festividad se remonta a la Letonia y la Alemania del siglo XVI. La hoja perenne es el símbolo de nueva vida en pleno invierno.

Una de mis tradiciones favoritas es la de hacer ornamentos sencillos y baratos reciclando o reutilizando objetos. Pueden guardarse y usarse durante años, o pueden renovarse cada año. Como no habrá invertido ninguna pequeña fortuna en las típicas bolas, no tiene por qué sacar la misma decoración año tras año.

Tiras de tela atadas en forma de lazo; una estrella de cartón cubierta con purpurina para la punta; un ángel de papel; cadenas de papel (véase la p. 147); piñas; ramas de acebo; hiedra retorcida; figuras con pasta de sal; galletas caseras; naranjas adornadas con clavo y atadas con cintas brillantes; manzanas doradas (véase la p. 140).

Y por supuesto lucecitas, muchas lucecitas. Si tiene las suficientes, quedan espectaculares sin ninguna otra decoración. Quizás una pequeña rociada de nieve artificial.

CONSEJO Sierre la parte inferior del tocón del árbol y manténgalo húmedo para evitar que caigan las agujas.

✦✦✦ PIÑAS BLANQUEADAS

Uno de los mayores placeres que existen es salir a pasear por el bosque sin pensar en nada más que en la belleza que le rodea mientras recoge estos pequeños tesoros de la naturaleza. Las piñas son reconfortantes y aportan un estilo personal en estanterías o en la repisa de la chimenea de casa.

CONSEJO ★

Las piñas blanqueadas quedan magníficas repartidas en un cristal de espejo (que puede obtener en un vidriero) con unas velas como centro de mesa.

Uno de los mejores regalos de la naturaleza son las piñas, que tienen un aspecto maravilloso todo el año, pero especialmente en Navidad. Para darles un toque distinto durante este periodo festivo, yo las blanqueo.

Esta técnica es muy fácil y rápida de hacer, y el efecto es sorprendente. Sólo tiene que diluir pintura al agua blanca (dos cucharadas de pintura por cada 500 ml de agua). Cubra las piñas con una capa muy fina de pintura. Remueva la pintura y dilúyala bien para obtener la mezcla adecuada. La manera más sencilla de cubrirlas, más que pintándolas, es bañándolas, así que llene un bol lo bastante grande para sumergirlas en la mezcla. Báñelas en la pintura para asegurarse de que quedan bien cubiertas. Deje que se sequen encima de un papel.

Si dispone de suficientes piñas, prácticamente no necesita nada más. Puede colgarlas en el árbol con alambres o cordeles. Colóquelas en el centro de la mesa entre lucecitas o velas. Apílelas en una repisa o estantería. Fíjelas en una corona.

Cuando pasen las fiestas, guárdelas para otro año; le durarán toda la vida.

MANZANAS DORADAS

Los primeros árboles de Navidad que se hicieron en Alemania tenían una decoración muy sencilla a base de velas, manzanas, frutos secos y galletas especiadas. Así que, aunque hoy en día las manzanas no se conciban como un elemento decorativo per se, estas magníficas frutas bañadas en oro están inspiradas en la tradición más antigua.

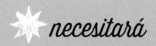

necesitará

Cordel

Manzanas con tallo

Pintura dorada en espray; elija el color que elija, quedará igual de bien

Método

❶ Coja el cordel de 30 cm del que colgará la manzana y dóblelo por la mitad para enhebrarlo. Pase los extremos por una aguja para lona y atraviese la manzana a través del corazón, de manera que los extremos salgan por la parte inferior. Anude varias veces para que el nudo no se escurra por la manzana.

❷ Anude el cordel al tallo de la manzana y fíjelo en algún sitio de modo que quede suspendida en el aire, como el respaldo de listones de una silla o un tendedero. Repita hasta tener todas las manzanas atadas. A continuación rocíelas con pintura, creando gradualmente una capa opaca. Es posible que la pintura no quede uniforme y deje al descubierto el color de la manzana. A mí me gustan así, pero si a usted no, deje que se seque un poco y rocíe de nuevo. Déjelas secar por completo. Cuélguelas en el árbol. Pesan bastante, así que anúdelas en medio de las ramas para no doblarlas demasiado.

❸ Estas manzanas duran varias semanas.

 También puede pintar otras frutas con espray; las peras quedan muy bien.

CENTRO DE MESA

Si en lugar de repartir piñas blanqueadas por la mesa quiere un centro más estructurado, este es el centro perfecto.

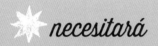 *necesitará*

Una percha de alambre

Alicates

Plantas: acebo, hiedra u otras ramas flexibles que pueda conseguir

Vela

Maceta de cristal

Bayas, reales o artificiales. Con las tijeras de podar en mano, rebusque las que más le llamen la atención (no se meta en el jardín de los vecinos ni en un parque público, en el bosque seguro que encuentra)

Cualquier otro objeto que se le ocurra para añadir un toque de color navideño

Método

1 Forme un círculo con la percha de alambre. Use unos alicates para cortar el gancho. Retuerza las plantas alrededor del alambre hasta ocultarlo. Añada varias capas para que quede fornido.

2 Deje el centro en la mesa –o donde lo quiera– y coloque una vela con una maceta en medio. Esparza bayas, piñas o cualquier otra planta que le guste. Así de fácil. Este centro de mesa le durará varios días. Si tiene tiempo, puede rociarlo con agua una vez al día para refrescarlo pero debería aguantar sin agua las festividades cortas.

Corona con percha de alambre

Este método es muy parecido al del centro de mesa, pero en este caso no debe cortar el gancho, pues le servirá para colgarla. Asimismo, la vegetación y todos los elementos que quiera añadirle deberán ir fijados con cordel o alambre.

El muérdago o el acebo quedan preciosos en este tipo de coronas, ya que las bayas aportan un bonito toque de color. El muérdago es fácil de trabajar porque es muy flexible. El acebo es un poco más complicado, porque tiene las hojas espinosas y los tallos leñosos, así que es más fácil dejarlos relativamente cortos –de unos 15 cm– para moldearlos alrededor del círculo sin tener que doblarlos. Sin embargo, igual que con el centro de mesa, cualquier planta servirá.

Estas sencillas coronas quedan muy bien tanto en el interior como en el exterior. Son tan fáciles y rápidas de hacer que enseguida habrá hecho unas cuantas. Como con el centro de mesa, no hay aporte de agua, así que las bayas se secarán. Rociarlas con agua ayuda, pero si quiere que aguanten durante todas las fiestas, la combinación de vegetación natural con bayas y piñas artificiales es probablemente la mejor opción.

GUIRNALDA EN FORMA DE ESTRELLA DE ARCILLA O PASTA DE SAL

Aunque yo la cuelgo durante las fiestas de Navidad, podría tenerla colgada durante todo el año porque la encuentro especialmente bonita.

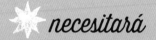 *necesitará*

Arcilla de secado al aire o pasta de sal casera (véase la p. 123)

Rodillo de amasar

Cortadores en forma de estrella

Tampones con letras (opcional)

Aguja para lona

Alambre

CONSEJO

Esta guirnalda queda estupenda colgada de una ventana, de una cornisa o en la pared; sólo tiene que fijar el alambre en cada extremo con cinta o chinchetas. También es ideal para regalar.

Método

1 Aplane la masa hasta conseguir un grosor de entre 2 y 3 mm. Use cortadores de galletas para hacer formas de estrellas, del mismo tamaño o de tamaños distintos, si tiene varios cortadores. Puede dejar las estrellas tal cual o, si tiene tampones, puede decorarlas con letras o nombres. Escriba mensajes estampando una letra por estrella: "Feliz Navidad", "Amor y paz" o cualquier otro mensaje navideño. Si decide hacerlo, lo mejor es que use estrellas pequeñas, ¡o la guirnalda será enorme! También puede usar tampones pequeños para estampar palabras enteras en una sola estrella, como "Alegría", "Navidad", "Paz" o "Amor".

2 Finalmente, con una aguja para lona, haga uno o dos pequeños agujeros en la punta superior de cada estrella para colgarla. Si quiere que cuelguen planas, perfórelas por los laterales de la punta en lugar de hacerlo de delante hacia atrás.

3 Deje que se sequen al aire durante un mínimo de 24 horas. Quedarán duras y blancas. Páselas por el alambre. Para que no se muevan, pase el alambre de nuevo por el agujero para hacer un "punto" por la parte trasera de cada estrella.

CADENAS DE PAPEL

Lo sé, las cadenas de papel no son exactamente difíciles de hacer u originales, pero las incluyo aquí porque pienso que son una manera brillante de alegrar un espacio de manera festiva sin coste alguno. El truco para que queden elegantes en lugar de parecer manualidades del colegio, es hacerlas grandes y robustas. Asimismo, mantenga los círculos bien apretados, para que no cedan y se conviertan en óvalos alargados.

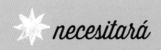

necesitará

Papel: elija una opción barata y que pueda conseguir en cantidad, como papel de revistas, periódicos, papel de regalo o un resto de papel para empapelar que encuentre de oferta

Pegamento en barra

Método

Le indico las medidas, no porque cada trozo deba tener estas dimensiones exactas, sino como guía; y luego corte a ojo. El tamaño básico es de 20 cm × 4 cm. Si quiere cadenas más robustas, hágalas de 24 cm × 5 cm. Para cerrar cada círculo, solape 2 cm de papel.

Puede colgar estas cadenas como si fuesen guirnaldas o usarlas para adornar el árbol. Es uno de los mejores métodos para reciclar papel. Es mucho mejor que el oropel, y es orgánico y gratis.

Alternativa

Anude tiras de tela cortas a un cordel para hacer una guirnalda de lo más original.

 A los más pequeños les encanta hacer cadenas de papel. Nuestras hijas las hacen para la mayoría de celebraciones.

 **NOCHEVIEJA**

Pasar de un año al otro es un momento de catarsis simbólica. Es ocasión de desprenderse de cualquier infelicidad del año que queda atrás y recibir con los brazos abiertos lo que el nuevo año nos depare. Dar voz a los pensamientos, esperanzas y miedos, escribiéndolos y haciéndolos volar, es una buena manera de detenerse un momento y reflexionar, de hacer una transición.

GLOBO DE LOS DESEOS

Si está en un sitio donde pueda hacer volar un globo de los deseos encendido –sin que haya peligro de prender fuego a nada–, son perfectos para esta tradición. Basta un globo para varias personas, una ventaja, porque encenderlos y hacer que alcen el vuelo cuesta más de lo que parece.

Corte una tira larga de papel o de papel de seda por persona y que cada uno escriba en ella su deseo. Cada persona puede pegar su tira de papel en la parte inferior del globo, con el escrito mirando hacia dentro para mayor privacidad.

Una alternativa, si no puede encender un globo, es llenar una bolsa de papel con los deseos de todo el mundo y prenderle fuego, de modo que el humo se los lleve hacia el cielo.

Mientras el globo se eleva en plena noche –o la bolsa chisporrotea mientras quema– es un buen momento para detenerse, reflexionar y soñar.

¡Feliz Año Nuevo!

UN ÚLTIMO PENSAMIENTO...

Hacer manualidades de cualquier tipo es muy placentero. Pero hacérselo todo uno mismo sin duda puede ser agotador. Recuerde, tiene que ceder. Lo digo porque no quiero que nadie piense que me paso la vida en un estado de perfección casera y que ello pueda ser la causa de hacerle sentir mal. La razón por la que escribo estos libros es precisamente para provocar lo contrario. Quiero mostrar lo satisfactorio que es hacer las cosas de la manera más sencilla. Todo el mundo puede hacerlo. Lo que nadie puede –y yo no soy la excepción– es hacerlo siempre todo. No crea que sirvo tortitas para desayunar, me pongo luego a hacer un escritorio, al rato tejo una bufanda y para rematarlo cocino una cena espectacular (¡de hecho esto no lo hago nunca!). Las tareas aburridas también tienen que hacerse. Se trata de encontrar el equilibrio.

No olvide que no es necesario ser perfecto. Simplifique, ahorre tiempo y dinero siempre que pueda y nunca se sienta culpable.

TABLAS DE CORTAR

(pp. 36-37)

★ PLANTILLAS ★

SOBRES DE LA BUENA SUERTE

(pp. 128-129)

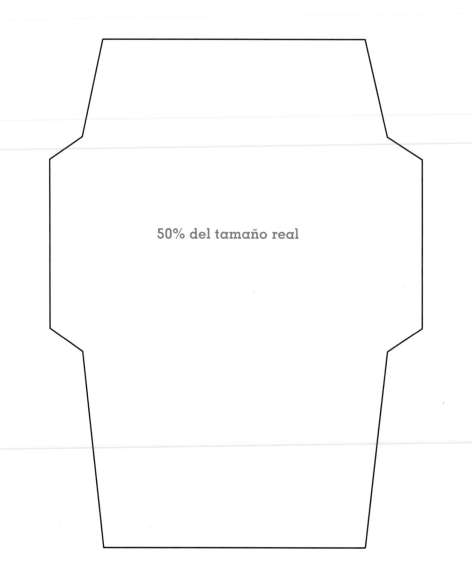

50% del tamaño real

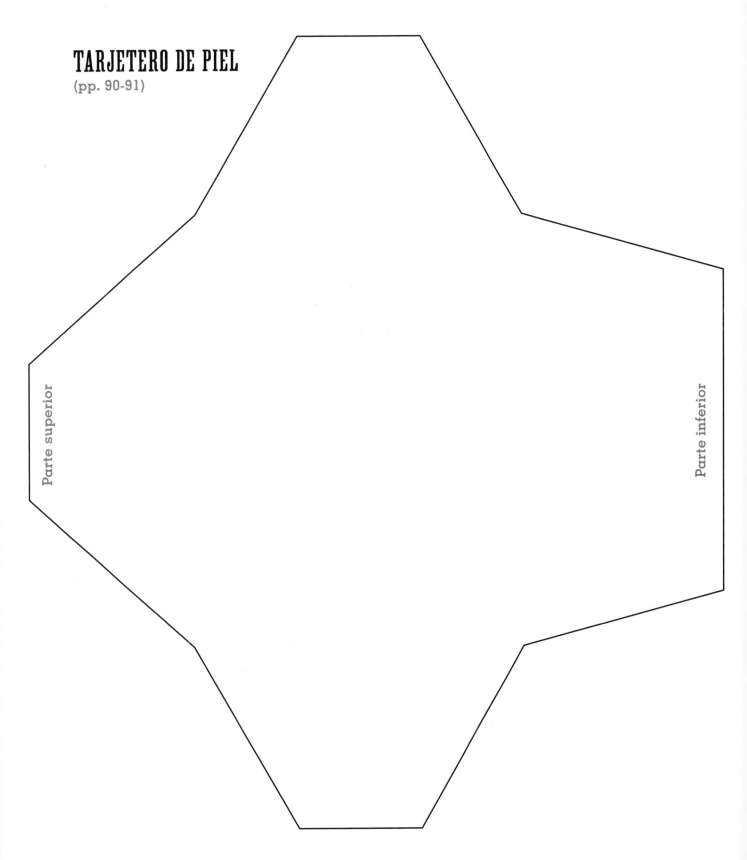

TARJETERO DE PIEL

(pp. 90-91)

Parte superior

Parte inferior

FUNDA PARA SILLÍN DE BICICLETA

(pp. 104-105)

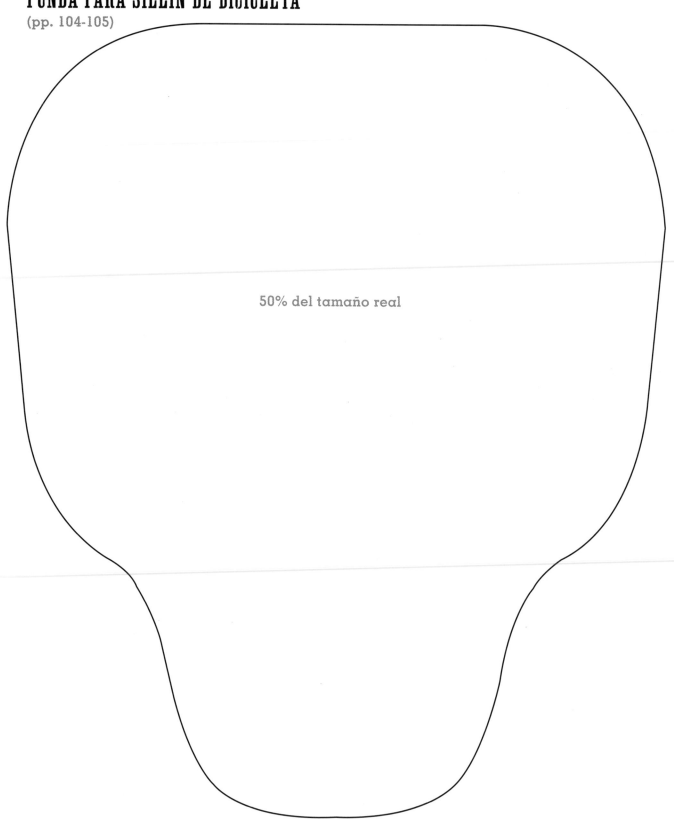

50% del tamaño real

★ PLANTILLAS ★

AGRADECIMIENTOS

Siempre digo que la vida es mucho mejor cuando nos ayudamos los unos a los otros. Dar las gracias a veces no es suficiente para expresar el agradecimiento que una siente por el apoyo recibido. Pero, aquí están: palabras directas del corazón.

De nuevo, le estoy muy agradecida a Kyle por apoyarme y dejarme escribir más libros. Gracias. Catherine, nuevamente has sido una editora creativa y muy comprensiva. Rachel, tus fotos son increíbles. Victoria, eres la mejor cuando se trata de hacer que mi casa esté perfecta para las fotos... y Jenny, gracias por diseñar un libro tan bonito.

Gracias Helen por adentrarme de nuevo en el maravilloso mundo del punto. Tengo el objetivo de agradecerte tu amabilidad haciendo correr la voz...

Gracias James y Anne, de Candle Makers Supplies en Brook Green, por ayudarme a difundir que la confección de velas puede ser sencilla.

Gracias Anne, de Auberge du Chocolat, por encarrilarme en la buena dirección para trabajar el chocolate, y por la charla enérgica cuando la necesitaba.

No puedo evitar hablar con todo el mundo para descubrir cosas nuevas, por lo que estoy muy agradecida siempre que alguien comparte sus conocimientos conmigo; así que gracias a las muchas personas cuyos nombres no sé o no recuerdo, por vuestros consejos e ideas. Por suerte, nunca olvido un buen consejo, ni me olvido de compartirlo.

Como siempre, estoy muy agradecida y feliz de tener a mis padres, mi hermano y mi hermana que siempre me apoyan de principio a fin. La gente dice que las personas no podemos elegir a nuestras familias, ¡pero yo os elegiría a todos cada día!

Gracias Carmen, Cag, Ophelia y Kirsten por ser las mejores amigas que una mujer puede tener.

Y, gracias Craig, Maya, Iona y Honor, sin vosotros nunca me hubiese interesado crear un hogar.

ÍNDICE

Los números de página en *cursiva* se refieren a ilustraciones.